KLAUSUREN

AF202393

Chemie Oberstufe

VON BORSTEL · GERL · MAULBETSCH · SCHÄFER

STARK

Inhalt

Kunststoffe

Kohlenhydrate / Aminosäuren / Fette

Chemisches Gleichgewicht

Protolysegleichgewichte

Redoxreaktionen/Elektrochemie/Energetik

Komplexchemie

Autoren:

Gregor von Borstel (Klausuren 1, 5, 7, 8, 16, 20)
Thomas Gerl (Klausuren 2, 3, 4, 15, 17, 18, 19)
Christoph Maulbetsch (Klausuren 9, 10, 11, 12, 13, 14, 21, 22)
Steffen Schäfer (Klausuren 6, 23)

Vorwort

Lieber Schüler, liebe Schülerin,

der vorliegende Band unterstützt Sie mit **über 20 Musterklausuren** bei Ihrer Vorbereitung auf die Klausuren in der gymnasialen Oberstufe. **Detaillierte Lösungsvorschläge** zu den Musterklausuren ermöglichen Ihnen die Überprüfung Ihres Wissens und die Einschätzung Ihres Leistungsstandes. **Hinweise** zur Lösung der Aufgaben sind durch *kursiven* Druck hervorgehoben.

Gemäß Oberstufenlehrplan ist ein Großteil der Klausuren den Schwerpunktthemen Aromatische Kohlenwasserstoffe, Farbstoffe, Kunststoffe, Kohlenhydrate, Aminosäuren, Fette, Chemisches Gleichgewicht, Säure-Base-Reaktionen und Redoxreaktionen gewidmet. Weitere Klausuren aus den ebenfalls klausurrelevanten Stoffgebieten Energetik und Komplexverbindungen runden die Auswahl ab.

Zu Ihrer Orientierung ist bei jeder Klausur als Richtwert die **Bearbeitungszeit** angegeben. Die **Bewertung und Gewichtung** der einzelnen Aufgaben gibt Ihnen Rückschluss auf den Lösungsumfang der jeweiligen Aufgabe. Hinweise auf deren Anspruch liefert der Einsatz der Operatoren. Um nach der Bearbeitung einer Klausur abschätzen zu können, welcher Note Ihre Leistung entspricht, orientieren Sie sich an den Punkteschlüssel-Tabellen am Ende der jeweiligen Klausur.

Wir sind überzeugt, dass es Ihnen mithilfe dieses Bandes gelingt, Ihre Kenntnisse zu vertiefen und im Umgang mit den Inhalten und Anforderungen der Oberstufe an Sicherheit zu gewinnen.

Viel Erfolg bei Ihrer Vorbereitung wünscht Ihnen
Ihr Autorenteam

Stichwortverzeichnis

Klausuren Chemie
Klausur 1: Aromatische Chemie (Bearbeitungszeit: 180 min)

BE

Aufgabe 1: Aromatische Systeme und deren Reaktionen
Aufgabenstellung

1.1 Nennen Sie die Entscheidungskriterien dafür, dass eine organische Verbindung aromatisch genannt werden kann.
Wenden Sie die Kriterien auf Benzol (I) an. 6

1.2 Bestimmen Sie, ob es sich bei den Verbindungen (II) bis (V) um aromatische Systeme handelt und begründen Sie Ihre Entscheidung. 6

1.3 Erläutern Sie, wie man mithilfe der Experimente 1 und 2 begründen kann, welche der möglichen Reaktionen Benzol eingeht.
Geben Sie eine Gesamtgleichung der ablaufenden Reaktion an. 6

1.4 Erläutern Sie die Funktion des Eisens und entwickeln Sie einen Reaktionsmechanismus für die Reaktion von Brom mit Benzol. 6

24

Fachspezifische Vorgaben

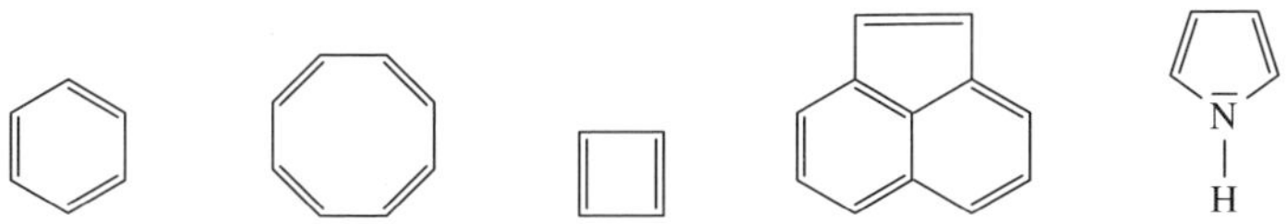

(I) (II) (III) (IV) (V)

Abb. 1: Strukturformeln diverser ringförmiger Moleküle

Benzol (Abb. 1 (I)) ist die wohl bekannteste aromatische Verbindung. Bereits 1872 formulierte der Bonner Chemie-Professor August Kekulé eine Hypothese zu den besonderen Bindungsverhältnissen im Benzolring, die dessen chemische Eigenschaften erklären konnten. Diese These konnte allerdings erst im 20. Jahrhundert mithilfe des Orbitalmodells bewiesen werden. Heute weiß man, dass Aromaten besondere strukturelle Eigenschaften erfüllen müssen.
Aufgrund der Struktur von Benzol sind theoretisch verschiedene Reaktionen möglich. Dies soll mit dem folgenden Experiment untersucht werden.

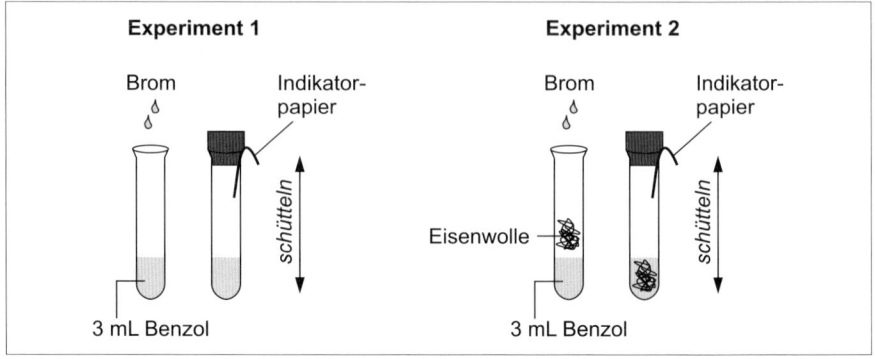

Bei der Durchführung der beiden Experimente ergeben sich folgende Beobachtungen:

Experiment 1: Das Gemisch im Reagenzglas färbt sich dauerhaft braun, das Indikatorpapier verändert sich nicht.

Experiment 2: Das Gemisch im Reagenzglas wird deutlich heller und das Indikatorpapier färbt sich rot.

Aufgabe 2: *para*-Aminobenzoesäure in Sonnenschutzmitteln
Aufgabenstellung

2.1 Stellen Sie dar, warum PABA als UV-B-Sonnenfilter bedingt geeignet ist, nicht aber Benzoesäure.   5

2.2 Erklären Sie unter Zuhilfenahme geeigneter Strukturformeln das unterschiedliche Absorptionsverhalten von PABA und Anilin.   7

2.3 Beurteilen Sie die Durchführung der Synthese von PABA einmal ausgehend von Anilin und einmal ausgehend von Benzoesäure im Schülerlabor unter Berücksichtigung des Gefährdungspotenzials der Edukte und der Größe der zu erwartenden Ausbeute.   6

2.4 Beschreiben Sie das Diagramm in Abb. 5 und stellen Sie eine begründete Hypothese auf, warum das Absorptionsspektrum von PABA vom pH-Wert abhängt.   <u>6</u>
            24

Fachspezifische Vorgaben[1]
UV-Strahlung gelangt durch die oberste Hautschicht und beschädigt Hautzellen und die DNA. Das UV-Licht kann je nach Wellenlänge in drei Bereiche eingeteilt werden: UVC: 200–280 nm; UVB: 280–315 nm und UVA: 315–380 nm. Um sich vor den Folgen der Sonneneinstrahlung zu schützen, verwendet man oft Sonnenschutzcremes auf organischer Basis.

---

1 Materialgrundlage zu PABA: Heinz Langhals, Kerstin Fuchs: Chemie am Strand Sonnenstrahlung, Hautreaktionen und Sonnenschutz, in: Chem. Unserer Zeit, 2004, 38, 98–112, S. 106 f.

para-Aminobenzoesäure (PABA, $\lambda_{max} = 312$ nm, Abb. 2) fand früher vielseitig in derartigen Sonnenschutzmitteln Verwendung, wird heutzutage jedoch kaum noch als chemischer Sonnenschutz eingesetzt.

Ihre Verwendung in kleinen Konzentrationen ist wenig bedenklich, da sie ein normales Stoffwechselzwischenprodukt ist, sodass resorbierte Substanz in die Stoffwechselvorgänge integriert werden kann. Wie eine In-vitro-Studie[2] an Zellkulturen ergeben hat, kann sie in hohen Konzentrationen allerdings cytotoxisch wirken. Weiterhin kann PABA Allergien auslösen.

para-Aminobenzoesäure ist als UV-B-Filter verwendbar, jedoch kein ideales Sonnenschutzmittel.

Vordergründig stört zunächst ihre leichte Oxidierbarkeit zu bräunlichen Produkten, die zu Flecken auf der Kleidung führen können. Problematischer ist die gute Wasserlöslichkeit, die z. B. Verluste des Sonnenschutzes beim Baden bedingt. Darüber hinaus ist das Absorptionsspektrum zum einen von der Polarität des Lösemittels, zum anderen vom pH-Wert abhängig (s. Abb. 4). Ein Teil der Probleme lässt sich durch eine Veresterung der Carbonsäure-Gruppen beseitigen (PABA-Ester). Da die Ester stärker lipophil sind, wird die Wasserlöslichkeit erheblich verringert und da keine freie Carboxylfunktion vorliegt, verschwindet auch die störende pH-Wert-Abhängigkeit der Spektren.

PABA könnte man im Schülerlabor aus Anilin ($\lambda_{max} = 280$ nm, Abb. 3) oder Benzoesäure ($\lambda_{max} = 272$ nm, Abb. 4) herstellen. Jedoch steht Anilin im Verdacht, Krebs zu erzeugen. Benzoesäure hingegen ist im Vergleich dazu nur gesundheitsschädlich und sogar als Konservierungsmittel für bestimmte Lebensmittel (z. B. in Marmeladen) zugelassen und wird darüber hinaus auch in Kosmetika und medizinischen Salben eingesetzt.

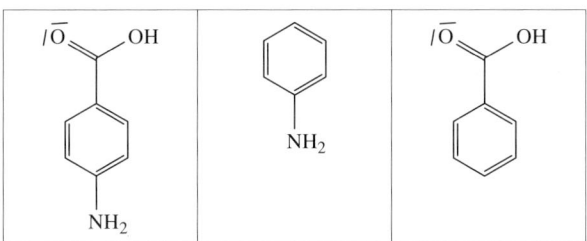

Abb. 2: Struktur-
formel PABA

Abb. 3: Struktur-
formel Anilin

Abb. 4: Struktur-
formel Benzoesäure

---

2 Als *in vitro* (lat.: im Glas) bezeichnet man organische Vorgänge, die außerhalb eines lebenden Organismus stattfinden, im Gegensatz zu solchen, die im lebenden Organismus *(in vivo)* ablaufen. In der Naturwissenschaft bezieht sich *in vitro* auf Experimente, die in einer kontrollierten künstlichen Umgebung außerhalb eines lebenden Organismus durchgeführt werden.

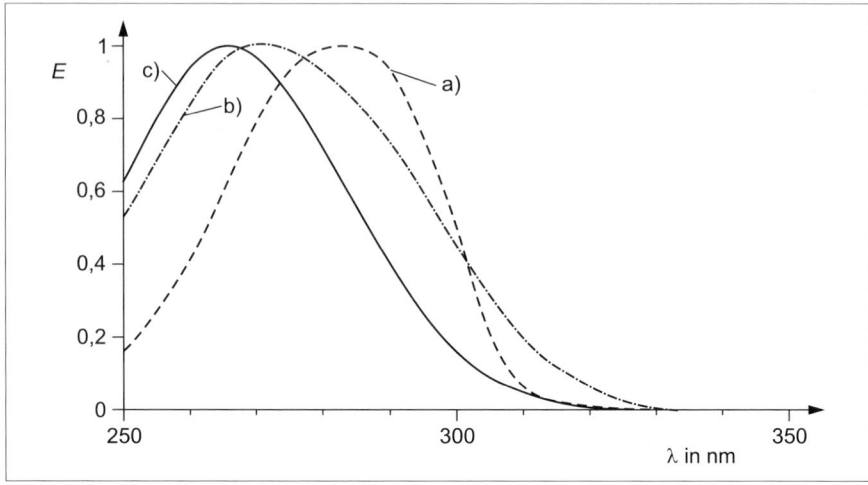

Abb. 5: UV-Absorptionsspektrum von PABA in
a) neutralem, fast unpolarem Lösemittel (Chloroform)
b) polarem Lösemittel (Wasser)
c) polarem Lösemittel (KOH(aq)), Kalilauge, pH 14)

Quelle: Heinz Langhals, Kerstin Fuchs: Chemie am Strand – Sonnenstrahlung, Hautreaktionen und
Sonnenschutz, in: Chem. Unserer Zeit, 2004, 38, 98–112, S. 106

Aufgabe 3: Synthese trisubstituierter Benzole
Aufgabenstellung

3.1 Geben Sie die Strukturformeln der Moleküle A, B und C an.
Erläutern Sie (ohne Reaktionsgleichungen), wie 4-Chlor-3-Nitro-Benzoe-
säure auf diesem Syntheseweg entsteht.
Geben Sie hierzu an, um welche Reaktionen es sich bei den Schritten (1)
bis (4) handelt.   5

3.2 Entwickeln Sie einen Reaktionsmechanismus für Schritt (4).
Erläutern Sie, inwiefern bei dem gesamten Vorgehen (1) – (4) die Position
des Zweit- und Drittsubstituenten am Ring mit hoher Wahrscheinlichkeit
zu erwarten ist.   6

3.3 Reaktionsschritt (3) wirkt sich lediglich auf den Erstsubstituenten (Molekül A) aus. Erläutern Sie, warum das Vorziehen von Schritt (3) vor Schritt
(2) nicht mehr zum gewünschten Reaktionsprodukt führt.   3

3.4 Die Reaktionsbedingungen in Reaktionsschritt (2) sollen geändert werden:
Anstatt eines Gemisches aus Chlor und Eisenchlorid wird nur Chlor zuge-
geben. Außerdem wird das Reaktionsgemisch erhitzt.
Erläutern Sie, welches Reaktionsprodukt anstatt Molekül B unter diesen
Reaktionsbedingungen entstehen wird.   _4_
                                                                                     18

4

Fachspezifische Vorgaben

$$\text{[Benzene]} \xrightarrow[(1)]{CH_3Cl/AlCl_3} \text{A} \xrightarrow[(2)]{Cl_2/FeCl_3} \text{B} \xrightarrow[(3)]{KMnO_4} \text{C} \xrightarrow[(4)]{HNO_3/H_2SO_4} \text{[4-Chlor-3-nitro-benzoesäure]}$$

Entscheidend für die Herstellung komplexer Moleküle wie zum Beispiel der 4-Chlor-3-nitro-benzoesäure ist die Syntheseplanung. Hierbei müssen unter anderem günstige Reaktionsbedingungen, der Einsatz von Katalysatoren und die strukturellen Gegebenheiten mit einbezogen werden. Werden bei der oben dargestellten Synthese die Reaktionsbedingungen geändert oder werden einzelne Schritte vertauscht oder weggelassen, entstehen entsprechend andere Reaktionsprodukte.

Zusatzinformation

Kaliumpermanganat ($KMnO_4$) ist ein sehr starkes Oxidationsmittel (in Anwesenheit von $KMnO_4$ kann z. B. Ethan über Ethanol und Ethanal zu Essigsäure reagieren).

66

Lösung

Inhalte: Aromatizität, Mesomerie, Erst- und Zweitsubstitution an Aromaten, Elektrophile aromatische Substitution

1.1 Aromaten
   ⇒ enthalten planare Ringsysteme
   ⇒ enthalten ein delokalisiertes π-Elektronensystem und konjugierte Doppelbindungen
   ⇒ erfüllen die Hückel-Regel: Anzahl der π-Elektronen erfüllen $4n + 2$ für ganzzahlige n

   Benzol erfüllt alle Kriterien. Das Molekül ist planar mit einem delokalisierten π-Elektronensystem und konjugierten Doppelbindungen (C-Atome sp^2-hybridisiert ⇒ 3 σ-Bindungen zu benachbarten C- und H-Atomen, p_z-Orbitale stehen senkrecht zur Molekülebene und überlappen in einer Elektronenwolke zum delokalisierten π-Elektronensystem).
   Die 6 π-Elektronen entsprechen der Hückel-Regel.

1.2 Für die Moleküle (II), (III) und (IV) ist die Hückel-Regel nicht erfüllt, da sie über 8, 4 bzw. 12 konjugierte π-Elektronen verfügen. Daher handelt es sich in diesen Fällen nicht um Aromaten.

   Das Molekül (V) = Pyrrol erfüllt analog Benzol alle Kriterien und ist ein Aromat.

1.3 Die in Experiment 1 mögliche Reaktion wäre die Addition (analog zu den Alkenen). Aber die Lösung entfärbt sich nicht, das heißt es findet keine Reaktion statt.
   In Experiment 2 entfärbt sich die Lösung, d. h. Brom wird verbraucht. Außerdem färbt sich das Indikatorpapier rot, es entsteht also HBr.
   $FeBr_3$ wirkt als Katalysator
   Ein H-Atom wird durch ein Br-Atom ausgetauscht: Elektrophile Substitution

1.4 Eisen reagiert mit dem zugegebenen Brom zu $FeBr_3$:

$$2\,Fe + 3\,Br_2 \longrightarrow 2\,FeBr_3$$

Im weiteren Verlauf wirkt $FeBr_3$ als Katalysator und spaltet Br_2 heterolytisch, sodass ein elektrophiles Br^+ entsteht:

$$Br_2 + FeBr_3 \longrightarrow Br^+ + FeBr_4^-$$

Mechanismus:

2.1 *para*-Aminobenzoesäure (PABA) absorbiert Licht der Wellenlänge um 312 nm und damit im UV-B-Bereich zwischen 280–315 nm an der Grenze zum UV-A-Bereich.

Obwohl sie als ein normales Stoffwechselzwischenprodukt in kleinen Konzentrationen wenig bedenklich ist, ist sie aber nur bedingt als Sonnenschutzmittel geeignet, da sie in hohen Konzentrationen cytotoxisch wirkt, Allergien auslösen kann und wasserlöslich ist. Zudem verändert sie sich durch Oxidation und das Absorptionsmaximum ist pH-Wert-abhängig.

Hinweis: Zwei einschränkende Gründe sollten genannt werden.

Benzoesäure ist zwar in Kosmetika und medizinischen Salben als Konservierungsstoff eingesetzt, aber sie ist gesundheitsschädlich.
Das Absorptionsmaximum liegt mit 272 nm am Rand des UV-C-Bereichs. Der größte Teil des UV-C-Lichts wird aber bereits in der Ozonschicht abgefangen. Damit ist Benzoesäure als UV-B- oder gar UV-A-Filter ungeeignet.

2.2 *para*-Aminobenzoesäure (PABA, $\lambda_{max} = 312$ nm) absorbiert Licht mit einer größeren Wellenlänge und damit energieärmeres Licht als Anilin ($\lambda_{max} = 280$ nm).

Dies liegt im unterschiedlichen Aufbau der Moleküle begründet.

Bei beiden Stoffen handelt es sich um Derivate des Benzols mit einem Benzolring als Chromophor im Molekül. Im Anilin dient zudem die NH_2-Gruppe (Aminogruppe) als Auxochrom. Durch den +M-Substituenten und π-Elektronendonator ist der Bereich der Delokalisierung der π-Elektronen schon größer als beim Benzol ohne Substituenten.

Die *para*-Aminobenzoesäure beinhaltet nun zusätzlich mit der COOH-Gruppe (Carboxy-Gruppe) in *para*-Stellung zur Aminogruppe einen –M-Substituenten. Das Antiauxochrom wirkt als π-Elektronenakzeptor und der Bereich der Delokalisierung der π-Elektronen vergrößert sich. Damit rücken das höchste besetzte Molekülorbital (HOMO) und das niedrigste unbesetzte Molekülorbital (LUMO) näher aneinander und es reicht bereits Licht geringerer Energie (größerer Wellenlänge) zur Anregung eines Elektrons.

Dies zeigen auch folgende mesomere Grenzstrukturen:

Anilin

para-Aminobenzoesäure

✦ *Hinweis*: *Das Einzeichnen der gekrümmten Pfeile ist optional.*

2.3 Bei der Beurteilung der Durchführung der Synthese von PABA ausgehend von Anilin und Benzoesäure kann man sowohl das Gefährdungspotenzial der Edukte als auch die Größe der zu erwartenden Ausbeute heranziehen.

✦ *Hinweis*: *Ein einleitender oder abschließender Satz wird für die volle Punktzahl der Darstellungsleistung erwartet.*

Anilin ist als Benzolderivat mit einem aktivierenden, in *ortho*- und *para*-Stellung dirigierenden +M-Substituenten prinzipiell als Grundstoff für die Synthese von PABA geeignet, weshalb mit einer guten Ausbeute gerechnet werden kann.

Als Stoff, der im Verdacht steht, Krebs zu erzeugen, scheidet Anilin allerdings für den Einsatz im Schülerexperiment aus.
Benzoesäure hingegen ist im Vergleich dazu nur gesundheitsschädlich und wäre damit vom Gefährdungspotential her geeignet.
Die Carboxy-Gruppe wirkt aber zum einen desaktivierend, zum anderen dirigiert sie bei der Zweitsubstitution in *meta*-Stellung, sodass nahezu kein PABA entstehen würde.
Beide Stoffe sind also als Ausgangstoffe für die Synthese im Schülerlabor ungeeignet.

2.4 Das Diagramm zeigt das UV-Absorptionsspektrum von PABA in drei verschiedenen Lösungsmitteln: Chloroform (neutral, fast unpolar), Wasser (polar) sowie Kalilauge (alkalisch, polar).
Für die Messung ist die Extinktion gegen die Wellenlänge des eingestrahlten Lichts aufgetragen.
Die Kurven für die Extinktion von PABA in den drei verschiedenen Lösemitteln laufen nahezu parallel zueinander, allerdings mit verschiedenen Absorptionsmaxima. In Kalilauge liegt das Absorptionsmaximum von PABA bei ca. 265 nm, in Wasser bei ca. 270 nm und in Chloroform bei ca. 285 nm. Mit zunehmender Wellenlänge fällt die Extinktion dann schnell gegen Null.

Für die pH-Wert-Abhängigkeit sollte die Molekülstruktur in Wasser und im stark alkalischen Milieu verglichen werden. Im stark Alkalischen liegt die Carboxy-Gruppe deprotoniert vor. Die Carboxylat-Gruppe ist allerdings ein weniger starker –M-Substituent als die Carboxy-Gruppe, da sie als bereits geladene funktionelle Gruppe eine weitere negative Ladung weniger gut stabilisieren kann. Es verringert sich also mit der Deprotonierung im push-pull-System die Stärke des –M-Substituenten und π-Elektronenakzeptors und damit die Delokalisierung der Elektronen. Somit wird bei der Erhöhung des pH-Werts Licht größerer Energie (geringerer Wellenlänge) absorbiert.

3.1

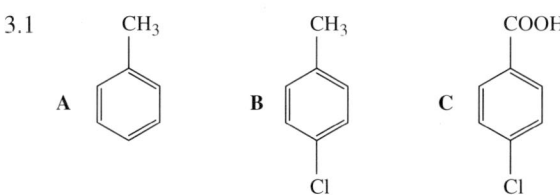

(1) Friedel-Crafts-Alkylierung (AlCl$_3$: Kat. / CH$_3^+$: Elektrophil);
elektrophile aromatische Substitution
(2) Chlorierung (FeCl$_3$: Kat. / Cl$^+$: Elektrophil);
elektrophile aromatische Substitution
(3) Oxidation der Methylgruppe (KMnO$_4$: Oxidationsmittel)

9

(4) Nitrierung. In der Nitriersäure entsteht NO_2^+ (Nitrylkation); elektrophile aromatische Substitution

3.2

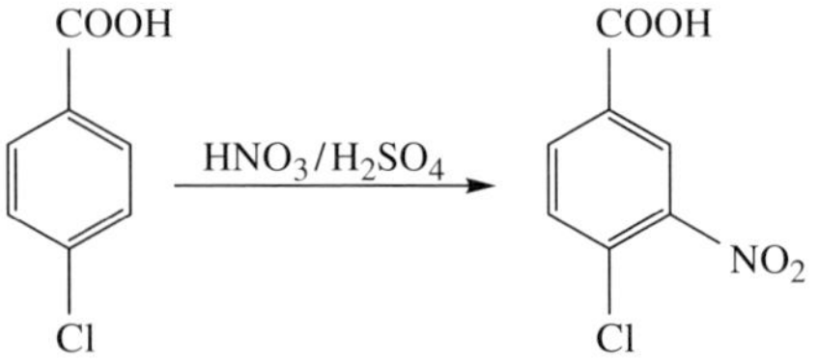

$$HNO_3/H_2SO_4$$

Bildung des Elektrophils NO_2^+ (Nitrylkation):

$$HO-NO_2 + H_3O^{\oplus} \;\underset{}{\overset{-H_2O}{\rightleftharpoons}}\; H_2O^{\oplus}-NO_2 \;\underset{}{\overset{-H_2O}{\rightleftharpoons}}\; NO_2^{\oplus}$$

Reaktionsmechanismus in drei Schritten:

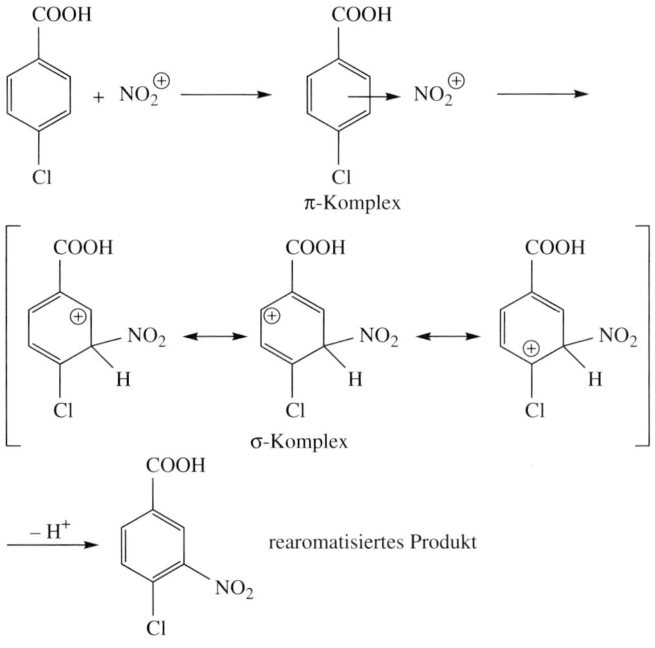

π-Komplex

σ-Komplex

$-H^+$ rearomatisiertes Produkt

Schritt 2: Der Erstsubstituent (CH_3-Gruppe) ist als +I-Substituent aktivierend und dirigiert damit den Zweitsubstituenten (Cl) in *ortho*- bzw. *para*-Position. Letztere ist dabei aus sterischen Gründen bevorzugt.

Schritt 4: Nach der Oxidation ist der „Erst"-Substituent (COOH-Gruppe) desaktivierend und dirigiert die NO_2-Gruppe in *meta*-Position. Daneben übt der Zweit-

10

substituent (Cl) einen +M-Effekt aus und dirigiert damit in *ortho-* bzw. *para-*Position. Damit stimmen die begünstigten Positionen für den Drittsubstituenten überein.

3.3   Wird zuerst die Methylgruppe oxidiert, übt die entstandene Carboxy-Gruppe einen –M-Effekt aus. Damit wird die Chlorierung (und die Nitrierung) in *meta-*Position und nicht wie gewünscht in *para-*Position stattfinden.

Mögliches Reaktionsprodukt:

3.4   Analog zu den aliphatischen Alkanen würde eine radikalische Substitution an der Methylgruppe (Seitengruppe) stattfinden.

Hinweis: Hier gilt die SSS-Regel (Sonne, Siedehitze, Seitenkette).

Startreaktion:

$$Cl_2 \longrightarrow 2\,Cl\cdot$$

Kettenreaktion:

Kettenabbruchreaktionen:

$$2\ Cl\cdot \longrightarrow Cl_2$$

$$2\ \cdot CH_2\text{–}C_6H_5 \longrightarrow C_6H_5\text{–}CH_2\text{–}CH_2\text{–}C_6H_5$$

$$\cdot CH_2\text{–}C_6H_5 + Cl\cdot \longrightarrow CH_2Cl\text{–}C_6H_5$$

Punkteschlüssel								
Punkte	15	14	13	12	11	10	9	8
BE	ab 64 bis 66	ab 60 bis 63	ab 57 bis 59	ab 54 bis 56	ab 50 bis 53	ab 47 bis 49	ab 44 bis 46	ab 41 bis 43
Punkte	7	6	5	4	3	2	1	0
BE	ab 37 bis 40	ab 34 bis 36	ab 30 bis 33	ab 27 bis 29	ab 24 bis 26	ab 20 bis 23	ab 16 bis 19	< 16

BE

1   Phenylethan (Ethylbenzol) lässt sich durch fraktionierte Destillation von Erdöl oder durch Alkylierung von Benzol gewinnen und dient als Ausgangsmaterial für zahlreiche organische Synthesen.

1.1 Eine technisch wichtige Reaktion ist die Umsetzung mit elementarem Chlor, wobei hier durch die Wahl der Reaktionsbedingungen das entstehende Produkt beeinflusst werden kann. Geben Sie an, welche unterschiedlichen Reaktionsmechanismen hier möglich sind und unter welchen Bedingungen sie jeweils gefördert werden.   3

1.2 Formulieren Sie den Reaktionsmechanismus für die Nitrierung von Ethylbenzol.   7

1.3 Begründen Sie unter Zuhilfenahme mesomerer Grenzformeln, welches Produkt bei dieser Nitrierungsreaktion kaum gebildet wird.   8

1.4 Phenylethansäure (Phenylessigsäure) ist eine wichtige Vorstufe für die Herstellung des Medikaments Ritalin®, das seit den 90er-Jahren von Psychologen vermehrt Kindern mit krankhaften Aufmerksamkeitsstörungen verordnet wird. Wegen seiner euphorisierenden Wirkung als Amphetamin und seiner Wirkung auf die Leistungsfähigkeit des Zentralnervensystems verurteilen Kritiker die Einnahme von Ritalin als „Gehirndoping".

Formulieren Sie die Redoxgleichung für die Herstellung von Phenylethansäure aus Phenylethan durch die Umsetzung mit schwefelsaurer Kaliumdichromat-Lösung. Dabei tritt eine Grünfärbung der wässrigen Phase ein.   5

2   In einem Prüfungspraktikum erhalten Schüler die Aufgabe, fünf farblose Lösungen chemisch zu identifizieren. Zur Auswahl stehen dabei folgende fünf Chemikalien: Methansäure, 2-Methyl-propansäure, Butanal, Propan-1-ol, 3-Methyl-butan-2-ol.
In einem korrekt geführten Protokollbogen finden sich folgende Angaben:

	+ Bromthymolblau	Fehling'sche Probe	Reaktion mit mildem Oxidationsmittel
Probe 1	grün	negativ	positiv, anschließende Fehlingprobe negativ
Probe 2	gelb	positiv	nicht durchgeführt

Probe 3	grün	negativ	positiv, anschließende Fehlingprobe positiv
Probe 4	gelb	negativ	nicht durchgeführt
Probe 5	grün	positiv	nicht durchgeführt

2.1 Beschreiben Sie die Durchführung und Beobachtung einer Fehling'schen Probe mit positivem Verlauf. Formulieren Sie die Teilgleichung der Redoxreaktion, die die Beobachtung einer Fehling'schen Probe mit positivem Verlauf erklärt. 7

2.2 Werten Sie die Beobachtungen der Experimente zur Identifizierung der fünf Proben aus, indem Sie die Strukturformeln der zur Auswahl stehenden Stoffe den fünf Proben zuordnen. Begründen Sie Ihre Zuordnung mithilfe der Beobachtungen der durchgeführten Nachweisreaktionen. 12

3 In Weißbier finden sich folgende Aromastoffe:

Substanz A	
Substanz B	
Substanz C	

Ordnen Sie die drei abgebildeten Substanzen A, B und C einer Stoffklasse der organischen Chemie zu.
Sortieren Sie diese drei Stoffklassen nach steigendem Schmelzpunkt (bei gleicher Anzahl der C-Atome) und begründen Sie die Wahl ihrer Reihenfolge genau.

4
46

Lösung

Inhalte: Kohlenwasserstoffe, Chlorierung, Nitrierung, Redoxreaktionen, Analytik, Fehling'sche Probe, Zwischenmolekulare Wechselwirkungen

1.1 ✐ *Hinweis: Phenylethan ist ein aromatischer Kohlenwasserstoff mit einer aliphatischen Seitenkette. Die Halogenierung kann deshalb an der aliphatischen Seitenkette ODER am aromatischen Ringsystem erfolgen. Welche Reaktion dabei bevorzugt wird, hängt von den Reaktionsbedingungen ab.*

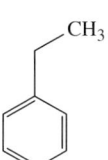

Als Hilfe können folgende Merksätze dienen:
SSS-Regel: Sonnenlicht, Siedehitze ⇒ Seitenkette
KKK-Regel: Katalysator, Kälte ⇒ Kern
des aromatischen Ringsystems.

Die Halogenierung der Seitenkette durch eine radikalische Substitution S_R wird durch hohe Temperaturen bzw. Lichteinfluss begünstigt:

Bei niedrigeren Temperaturen und der Anwesenheit eines geeigneten Katalysators wird eher der aromatische Kern durch eine elektrophile Substitution S_E halogeniert:

bzw.

1.2 Bildung des Elektrophils:

$$H_2SO_4 + HNO_3 \rightleftharpoons HSO_4^- + H_2NO_3^+ \rightleftharpoons HSO_4^- + NO_2^+ + H_2O$$

Elektrophile Substitution:

Hinweis: Dargestellt ist die Bildung des ortho-substituierten Produkts.

π-Komplex   σ-Komplex

1.3   Bei der elektrophilen Substitution von Phenylethan mit Nitriersäure wird kaum
3-Nitro-1-ethylbenzol gebildet, weil die dafür erforderliche Zwischenstufe ener-
giereicher ist als bei der 1,2- und 1,4-Substitution:

ortho-**Stellung (1,2-Substitution)**

meta-**Stellung (1,3-Substitution)**

para-Stellung (1,4-Substitution)

Die Alkyl-Gruppe ist ein Substituent 1. Ordnung, der in *ortho-/para*-Position dirigiert, weil sich in diesen beiden Fällen beim Übergangszustand je eine mesomere Grenzstruktur schreiben lässt, welche die positive Ladung am C-Atom mit dem Alkyl-Substituenten trägt. Durch den +I-Effekt der Alkylsubstituenten wird diese dann stabilisiert und somit der Übergangszustand energieärmer. Deshalb ist die *ortho-/para*-Substitution gegenüber einer *meta*-Substitution begünstigt.

1.4

Red.: $\overset{+6}{Cr_2}\overset{2-}{O_7} + 6\,e^- + 14\,H_3O^+ \longrightarrow 2\,Cr^{3+} + 21\,H_2O$

Ox.:

Redox.: $Cr_2O_7^{2-} + 8\,H_3O^+ + PEt \longrightarrow 2\,Cr^{3+} + 13\,H_2O + PES$

2.1 Fehling'sche Probe: Wässrige Kupfersulfat-Lösung wird mit alkalischer K-Na-Tartrat-Lösung im Volumenverhältnis $1:1$ gemischt. Zu der entstandenen tiefblauen Lösung wird die Testsubstanz gegeben und das Gemisch anschließend erhitzt. Bildet sich ein rotbrauner Feststoff, ist die Fehling'sche Probe positiv.

Red.: $2\,\overset{+2}{Cu}{}^{2+} + 2\,e^- + 2\,OH^- \longrightarrow \overset{+1}{Cu_2}O\downarrow + H_2O$

2.2 Probe 1:

- reagiert neutral $\Rightarrow$ Bromthymolblau grün
- kein Alkanal $\Rightarrow$ Fehling negativ
- milde Oxidation $\Rightarrow$ sekundäres Alkanol wird zu Alkanon
  $\Rightarrow$ anschl. Fehling negativ

Probe 2:

$$H - C \overset{\displaystyle O}{\underset{\displaystyle O - H}{\Big\langle}}$$

- reagiert sauer ⇒ Bromthymolblau gelb
- Methansäure ⇒ Fehling positiv

Probe 3:

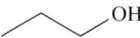

- reagiert neutral ⇒ Bromthymolblau grün
- kein Alkanal ⇒ Fehling negativ
- milde Oxidation ⇒ primäres Alkanol wird zu Alkanal
  ⇒ anschl. Fehling positiv

Probe 4:

$$H_3C - \overset{\displaystyle CH_3}{\underset{\displaystyle H}{\overset{|}{\underset{|}{C}}}} - C \overset{\displaystyle \overline{O}|}{\underset{\displaystyle O - H}{\Big\langle}}$$

- reagiert sauer ⇒ Bromthymolblau gelb
- kein Alkanal ⇒ Fehling negativ

Probe 5:

$$\overset{\displaystyle O}{\diagup\diagdown\diagup\diagdown\diagup}\overset{\|}{\underset{\displaystyle H}{}}$$

- reagiert neutral ⇒ Bromthymolblau grün
- Alkanal ⇒ Fehling positiv

3 ✔ *Hinweis: Beim Schmelzen müssen die zwischenmolekularen Wechselwirkungen überwunden werden. Für die Reihung nach steigendem Schmelzpunkt ist deshalb die Größe der zwischenmolekularen Kräfte ausschlaggebend. Prinzipiell kommen folgende zwischenmolekularen Kräfte vor:*

Van-der-Waals-Kräfte	Schwächste Wechselwirkungen, die zwischen allen Teilchen herrschen, d. h. immer auftreten.
Dipol-Dipol-Kräfte	Zweitschwächste Wechselwirkung, die zwischen polaren Molekülen, deren Ladungsschwerpunkt nicht zusammenfällt, auftritt.

Wasserstoff-brückenbindungen	Zweitstärkste Wechselwirkung, die ein Spezialfall der Dipolkräfte ist und immer dann auftritt, wenn im Molekül polare $-O-H-$, $-N-H-$ oder $-F-H$-Bindungen auftreten.
Ionenkräfte	Stärkste Wechselwirkung, die nur zwischen geladenen Teilchen auftritt.

Zuordnung der Substanzen: A = Alkanol, B = Aldehyd, C = Carbonsäure

Für die Schmelzpunkte ϑ_m der genannten Verbindungen gilt folgende Reihenfolge:

ϑ_m(Aldehyde) < ϑ_m(Alkanole) < ϑ_m(Carbonsäuren)

Bei etwa gleicher Moleküloberfläche haben alle drei Substanzen ähnliche Van-der-Waals-Kräfte. Der Aldehyd hat den niedrigsten Schmelzpunkt, weil neben den Van-der-Waals-Kräften nur noch Dipol-Dipol-Kräfte auftreten. Das Alkanol weist zusätzlich noch eine Wasserstoffbrückenbindung auf. Bei der Carbonsäure treten sogar zwei Wasserstoffbrückenbindungen auf, d. h. im Fall der Carbonsäure sind die zwischenmolekularen Kräfte am höchsten und somit hat sie den höchsten Schmelzpunkt.

Punkteschlüssel							
Punkte	15	14	13	12	11	10	9	8
BE	ab 44 bis 46	ab 42 bis 43,5	ab 39,5 bis 41,5	ab 37,5 bis 39	ab 35 bis 37	ab 32,5 bis 34,5	ab 30,5 bis 32	ab 28 bis 30
Punkte	7	6	5	4	3	2	1	0
BE	ab 26 bis 27,5	ab 23,5 bis 25,5	ab 21 bis 23	ab 19 bis 20,5	ab 15,5 bis 18,5	ab 12,5 bis 15	ab 9 bis 12	< 9

BE

1   Als im Jahr 1948 der Schweizer Chemiker Paul Hermann Müller den No-
belpreis für seine Entdeckung der hohen Wirksamkeit von Dichlordiphe-
nyltrichlorethan (DDT) entgegennahm, glaubte man, ein Allheilmittel gegen lästige Insekten, die vor allem in tropischen Regionen große Schäden
anrichteten, gefunden zu haben. Die Synthese von DDT nach Müller war
verhältnismäßig einfach und folgte folgender Reaktionsgleichung:

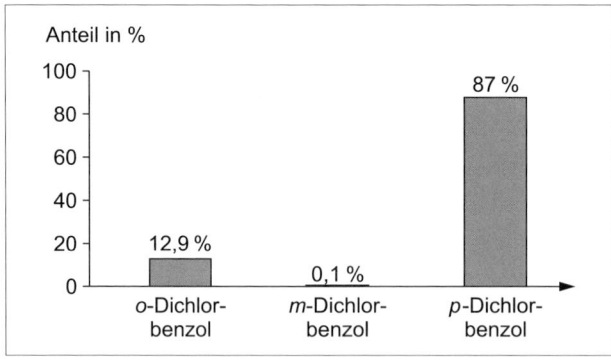

Erst viele Jahre später erkannte man, dass sich dieses Insektizid in der
Nahrungskette anreichert und somit auch für Menschen sehr gefährlich
werden konnte. Deshalb ist der Einsatz des Mittels inzwischen in vielen
Ländern verboten.

1.1   Formulieren Sie einen Reaktionsmechanismus für die Synthese von Mono-
chlorbenzol und geben Sie seinen Namen sowie alle wichtigen Zwischen-
stufen an.   5

1.2   Als Nebenprodukt entstehen bei diesem Prozess auch Dichlorbenzole. Dabei treten die verschiedenen doppelt substituierten Halogenaromaten in
unterschiedlichen Anteilen auf:

Anteil in %

100	
80	87 %
60	
40	
20	12,9 %
0	0,1 %

o-Dichlor-   m-Dichlor-   p-Dichlor-
benzol   benzol   benzol

Erklären Sie unter Zuhilfenahme von geeigneten mesomeren Grenzstrukturen, warum ein Isomer bevorzugt gebildet wird. 6

1.3 Das zweite Edukt bei der Synthese von DDT nennt man 2,2,2-Trichlor-ethan-1,1-diol (= Chloralhydrat). Es gehört formal zu den Hydraten mit der rechts abgebildeten allgemeinen Formel.

$$OH$$
$$R_1 \!\!-\!\!\!\!\overset{|}{\underset{|}{}}\!\!\!\!-\!\! R_2$$
$$OH$$

Führt man mit folgenden Hydraten die Fehling'sche Probe durch, so ergeben sich die in der Tabelle dargestellten Beobachtungen:

	R_1	R_2	Fehling'sche Probe
I	CH_3	H	positiv
II	CH_3	CH_3	negativ

a) Beschreiben Sie die Durchführung der Fehling'schen Probe und die Beobachtung bei einem positiven Verlauf. 4

b) Erklären Sie den unterschiedlichen Verlauf der Fehling'schen Probe mithilfe von Reaktionsgleichungen und möglichen Zwischenstufen für die beiden Fälle I und II. 4

2   Untenstehendes Diagramm veranschaulicht die Abhängigkeit des Siedepunktes von der C-Atomzahl für die Stoffklasse der Alkanale und der primären Alkanole. Ordnen Sie den beiden Kurven die passende Stoffklasse zu und begründen Sie ihre Entscheidung.

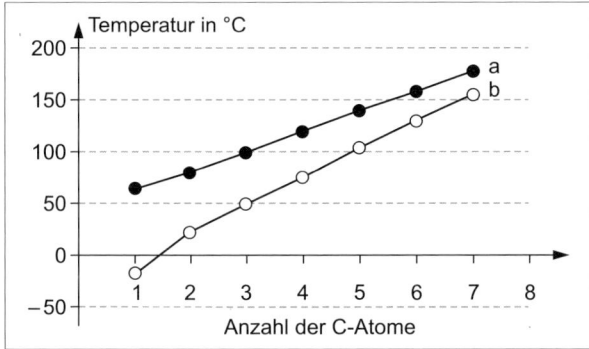

4

3   Bei der Gewinnung verschiedener Kohlenwasserstoffe für die Weiterverwendung in der chemischen Industrie spielt die Destillation von Rohöl eine wichtige Rolle. Aus einer Raffinerie erhält man z. B. ein Gemisch aus folgenden vier Kohlenwasserstoffen:
a) 2-Methylpentan   b) 2,2-Dimethylbutan
c) *n*-Hexan   d) 2,2-Dimethylpentan

21

In einem weiteren Schritt lässt sich dieses Gemisch durch eine erneute Destillation in die Reinstoffe auftrennen. Bei diesem Verfahren ergab sich untenstehendes Siedediagramm:

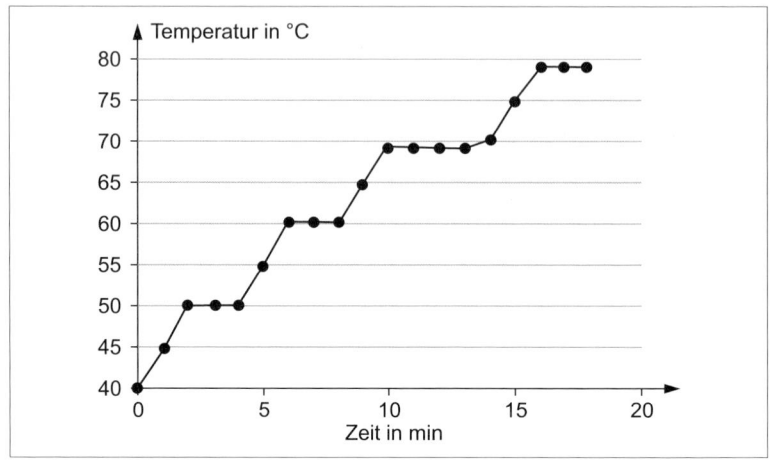

3.1 Ermitteln Sie mithilfe der Informationen aus dem Diagramm die Siedepunkte der vier Kohlenwasserstoffe und begründen Sie Ihre Wahl genau.   5

3.2 2-Methylpentan reagiert bei Tageslicht mit elementarem Brom zu halogenierten Kohlenwasserstoffen, die als Lösungsmittel von technischer Bedeutung sind.

a) Formulieren Sie unter Verwendung der entsprechenden Fachbegriffe einen Reaktionsmechanismus für die Bildung des stabilsten Monobrom-Produkts.   6

b) Obwohl die Bindungsenergie $\Delta_b E$ von Iod deutlich kleiner ist als jene von Brom, läuft die Iodierung von 2-Methylpentan bei Tageslicht nicht spontan ab. Erklären Sie diese Beobachtung mithilfe der Reaktionsenergie des Prozesses. Machen Sie ihren Rechenweg deutlich.

Bindung	$\Delta_b E$ in kJ · mol^{-1}	Bindung	$\Delta_b E$ in kJ · mol^{-1}	Bindung	$\Delta_b E$ in kJ · mol^{-1}
F−F	155	C−F	489	C−H	413
Cl−Cl	243	C−Cl	339	H−F	567
Br−Br	193	C−Br	285	H−Cl	431
I−I	151	C−I	218	H−Br	366
		C−C	348	H−I	298

$\dfrac{5}{39}$

22

Lösung

Inhalte: Elektrophile Substitution, Zweitsubstitution, Fehling'sche Probe, Zwischen-molekulare Wechselwirkungen, Radikalische Substitution, Bindungsenergie

1.1 Elektrophile Substitution

Bildung des Elektrophils:

$$Cl_2 + FeCl_3 \rightleftharpoons [FeCl_4]^- + Cl^+$$

Reaktionsmechanismus:

π-Komplex

mesomeriestabilisierter σ-Komplex

1.2 Bei dieser Substitution werden vor allem 1,2- und 1,4-Dichlorbenzol gebildet, weil die dafür erforderlichen Zwischenstufen energieärmer sind als bei der 1,3-Substitution:

ortho-Stellung (1,2-Substitution)

23

meta-Stellung (1,3-Substitution)

para-Stellung (1,4-Substitution)

Die Zweitsubstitution erfolgt überwiegend in *para*-Position zum Erstsubstituenten, da dieser aufgrund seiner freien Elektronenpaare einen +M-Effekt ausübt und den Zweitsubstituenten damit in *ortho*- und *para*-Stellung dirigiert. Dabei ist die *para*-Position aus sterischen Gründen gegenüber der *ortho*-Position begünstigt.

Der dirigierende Effekt beruht auf der größeren Stabilität der σ-Komplexe in *ortho*- und *para*-Position gegenüber der *meta*-Position aufgrund der besseren Kompensation der positiven Ladung durch die vorhandenen delokalisierten π-Elektronen, was an der größeren Anzahl mesomerer Grenzstrukturen deutlich wird.

1.3 a) Eine wässrige Kupfer(II)-sulfat-Lösung wird mit einer alkalischen K-Na-Tartrat-Lösung im Volumenverhältnis 1:1 gemischt. Zu der entstandenen tiefblauen Lösung wird die Testsubstanz gegeben und das Gemisch anschließend erhitzt. Ist die Probe positiv, bildet sich ein rotbrauner Niederschlag von Kupfer(I)-oxid.

b) ✒ H*inweis: Hydrate stehen in einem Gleichgewicht mit Carbonylverbindungen und können somit mithilfe der Fehling'schen Probe unterschieden werden, wenn die Hydroxygruppen endständig sind.*

Fall I:
Fehling'sche Probe ist positiv, da sich Ethanal, d. h. ein Alkanal, bildet:

24

Fall II:
Fehling'sche Probe ist negativ, da sich Propanon, d. h. ein Alkanon, bildet:

$$H_3C \underset{|OH}{\overset{|\overline{O}H}{\underset{}{\bigg|}}} CH_3 \quad \xrightarrow[\text{wanderung}]{\text{Protonen-}} \quad H_3C \overset{|\overline{O}|^{\ominus}}{\underset{\overset{\oplus}{O}-H}{\bigg\langle}} CH_3 \quad \xrightarrow{-H_2O} \quad H_3C \overset{\overset{\frown}{O}}{\underset{}{\bigg\|}} CH_3$$

2 ✏ *Hinweis: Beim Sieden müssen die zwischenmolekularen Wechselwirkungen überwunden werden. Für die Reihung nach steigendem Siedepunkt ist deshalb die Größe der zwischenmolekularen Kräfte ausschlaggeben. Prinzipiell kommen folgende zwischenmolekularen Kräfte vor:*

Van-der-Waals-Kräfte	*Schwächste Wechselwirkungen, die zwischen allen Teilchen herrschen, d. h. immer auftreten.*
Dipol-Dipol-Kräfte	*Zweitschwächste Wechselwirkung, die zwischen polaren Molekülen, deren Ladungsschwerpunkt nicht zusammenfällt, auftritt.*
Wasserstoff-brückenbindungen	*Zweitstärkste Wechselwirkung, die ein Spezialfall der Dipolkräfte ist und immer dann auftritt, wenn im Molekül polare -O$-$H-, $-$N$-$H- oder $-$F$-$H-Bindungen auftreten.*
Ionenkräfte	*Stärkste Wechselwirkung, die nur zwischen geladenen Teilchen auftritt.*

Bei Kurve a handelt es sich um die Alkanole, da sie bei gleicher C-Atomzahl einen höheren Siedepunkt aufweisen, als die entsprechenden Alkanale (Kurve b). Erklären lässt sich dies durch die zwischenmolekularen Kräfte. Bei gleicher C-Atomzahl sind die Van-der-Waals-Kräfte der zu vergleichenden Moleküle in etwa gleich. Während aber bei Alkanolen zu den Van-der-Waals-Kräften noch Dipol-Dipol-Kräfte und Wasserstoffbrückenbindungen wirksam sind, fehlen den Alkanalen die Wasserstoffbrückenbindungen. Deshalb weisen diese einen niedrigeren Siedepunkt auf als die Alkanole.

3.1 ✏ *Hinweis: Beim Sieden müssen die zwischenmolekularen Wechselwirkungen überwunden werden. Für die Reihung nach steigendem Siedepunkt ist deshalb die Größe der zwischenmolekularen Kräfte ausschlaggebend. Prinzipiell kommen folgende zwischenmolekularen Kräfte vor:*

Van-der-Waals-Kräfte	*Schwächste Wechselwirkungen, die zwischen allen Teilchen herrschen, d. h. immer auftreten.*
Dipol-Dipol-Kräfte	*Zweitschwächste Wechselwirkung, die zwischen polaren Molekülen, deren Ladungsschwerpunkt nicht zusammenfällt, auftritt.*

Wasserstoff-brückenbindungen	Zweitstärkste Wechselwirkung, die ein Spezialfall der Dipolkräfte ist und immer dann auftritt, wenn im Molekül polare $-O-H-$, $-N-H-$ oder $-F-H$-Bindungen auftreten.
Ionenkräfte	Stärkste Wechselwirkung, die nur zwischen geladenen Teilchen auftritt.

Die Siedepunkte lassen sich aus dem Diagramm ablesen, denn bei der Destillation eines Flüssigkeitsgemischs ändert sich der Siedepunt des Gemisches (unter idealen Bedingungen) so lange nicht, bis die gesamte Menge der bei dieser Temperatur flüchtigen Komponente im Destillat ist.

Alle vier Stoffe gehören zu den Alkanen, d. h. als zwischenmolekulare Kräfte treten nur Van-der-Waals-Kräfte auf, da die Moleküle unpolar und ungeladen sind. Die Van-der-Waals-Kräfte steigen mit der Molekülmasse, d. h. das 2,2-Dimethylpentan (C_7H_{16}) hat die größten zwischenmolekularen Kräfte und damit den höchsten Siedepunkt.

Die anderen drei Stoffe haben alle die Summenformel C_6H_{14}. Bei solchen Strukturisomeren gilt die Regel, dass die Van-der-Waals-Kräfte mit zunehmender Moleküloberfläche größer werden und damit unverzweigte Moleküle einen höheren Siedepunkt haben als verzweigte.

2,2-Dimethylbutan hat zwei Verzweigungen und damit den niedrigsten Siedepunkt, gefolgt von 2-Methylpentan mit einer Verzweigung und *n*-Hexan ohne Verzweigung.

Aus dem Siedediagramm ergeben sich somit folgende Siedepunkte:

50 °C	60 °C
b) 2,2-Dimethylbutan	a) 2-Methylpentan
69 °C	79 °C
c) *n*-Hexan	d) 2,2-Dimethylpentan

3.2 a) ✏ *Hinweis: Alkane sind wenig reaktionsfreudig, d. h. sie reagieren praktisch ausschließlich nach dem Mechanismus der radikalischen Substitution mit Halogenen. Ein weiteres Schlüsselwort in dieser Aufgabe ist „Tageslicht", das signalisiert, dass die Brom-Moleküle in Gegenwart von Licht homolytisch in zwei Brom-Radikale zerfallen.*

Radikalische Substitution

Startreaktion:

$|\overline{Br} - \overline{Br}| \longrightarrow |\overline{Br}\cdot + |\overline{Br}\cdot$ (Homolytische Spaltung durch Lichtenergie)

Kettenreaktion:

(1)

$$H_3C \overset{\displaystyle CH_3}{\underset{\displaystyle H}{\overset{|}{\rule{0pt}{0pt}}\rule{1.5em}{0.5pt}}} C_3H_7 \; + \; |\overline{Br}\cdot \; \longrightarrow \; H_3C - \underset{\displaystyle \cdot}{\overset{\displaystyle CH_3}{\underset{|}{C}}} - C_3H_7 \; + \; HBr$$

(2)

$$H_3C - \underset{\displaystyle \cdot}{\overset{\displaystyle CH_3}{\underset{|}{C}}} - C_3H_7 \; + \; |\overline{Br} - \overline{Br}| \; \longrightarrow \; H_3C - \underset{\displaystyle Br}{\overset{\displaystyle CH_3}{\underset{|}{\overset{|}{C}}}} - C_3H_7 \; + \; |\overline{Br}\cdot$$

Hinweis: Bei dem gezeigten Produkt handelt es sich um das stabilste Monobrom-Produkt, da das zwischenzeitlich gebildete Radikal von allen möglichen Radikalen am stabilsten ist (tertiäres C-Radikal).

Mögliche Abbruchreaktionen finden durch Rekombination zweier Radikale statt, dabei können sowohl zwei Alkyl- oder zwei Brom-Radikale als auch ein Alkyl- und ein Bromradikal unter Ausbildung einer kovalenten Bindung miteinander rekombinieren.

b) *Hinweis: Damit die Reaktion spontan abläuft, müssten die kettenverlängernden Reaktionen in der Summe exotherm sein. Hierfür vergleicht man die Summe aus den Bindungsenergien bei der Knüpfung bzw. Spaltung einer Bindung. Wird eine Bindung geknüpft, muss vor die entsprechende Bindungsenergie ein negatives Vorzeichen, wird eine Bindung gespalten, ein positives Vorzeichen gesetzt werden. Die unter 3.2 a beschriebenen Vorgänge für die Bromierung gelten analog auch für die Iodierung.*

In der ersten kettenverlängernden Reaktion kommt es zur Spaltung einer C-H-Bindung und zur Knüpfung einer H-I-Bindung:

$\Delta_r E(1) = \Delta_b E(C-H) - \Delta_b E(H-I)$
$= 413 \text{ kJ} \cdot \text{mol}^{-1} - 298 \text{ kJ} \cdot \text{mol}^{-1} = 115 \text{ kJ} \cdot \text{mol}^{-1}$

In der zweiten kettenverlängernden Reaktion kommt es zur Spaltung einer I-I-Bindung und zur Knüpfung einer C-I-Bindung:

$\Delta_r E(2) = \Delta_b E(I-I) - \Delta_b E(C-I)$
$= 151 \text{ kJ} \cdot \text{mol}^{-1} - 218 \text{ kJ} \cdot \text{mol}^{-1} = -67 \text{ kJ} \cdot \text{mol}^{-1}$

Addiert man die Werte für beide Gleichungen, so ergibt sich:

$\Delta_r E(1) + \Delta_r E(2) = +48 \text{ kJ} \cdot \text{mol}^{-1} > 0$

Da der resultierende Wert für die Reaktionsenergie größer als 0 ist, ist der Gesamtprozess der kettenverlängernden Reaktionen endotherm. Deshalb läuft die Iodierung im Gegensatz zur Bromierung nicht freiwillig ab.

Punkteschlüssel							
Punkte	15	14	13	12	11	10	9	8
BE	ab 37,5 bis 39	ab 35,5 bis 37	ab 33,5 bis 35	ab 31,5 bis 33	ab 29,5 bis 31	ab 27,5 bis 29	ab 25,5 bis 27	ab 23,5 bis 25
Punkte	7	6	5	4	3	2	1	0
BE	ab 21,5 bis 23	ab 20 bis 21	ab 18 bis 19,5	ab 16 bis 17,5	ab 13,5 bis 15,5	ab 10,5 bis 13	ab 8 bis 10	< 8

BE

1 Ergänzen Sie in folgender Tabelle die Strukturformel bzw. den Namen nach den Regeln der IUPAC-Nomenklatur. 3

H_3C—CH$_2$ / H_2C=C(CH$_3$)—CH(...)—C(=O)—CH$_3$		H_3C—C(=CH$_2$)—C(CH$_3$)(OH)—C(=O)—CH$_2$—C(=O)(OH)
	(4*E*)-6,6-Dihydroxy-4,5-dimethylhept-4-ensäure	

2 Halogenierte Kohlenwasserstoffe (Halone) sind eine Gruppe von stabilen, lipophilen Substanzen, die wegen ihrer vielfachen Einsatzmöglichkeiten weltweit in großen Mengen hergestellt werden. Allerdings stehen auch viele von ihnen im Verdacht, krebserregend, toxisch oder umweltschädlich zu sein.

2.1 Beschreiben Sie die Durchführung der Beilstein-Probe zum Nachweis halogenierter Kohlenwasserstoffe. 3

2.2 Das Halogenalkan 1-Chlorpropan wird z. B. als Narkotikum eingesetzt, wobei es in höheren Konzentrationen zu schweren Vergiftungserscheinungen kommen kann. Eine Firma testet ein Verfahren, um das 1-Chlorpropan aus zwei einfachen Ausgangsstoffen herzustellen.

   a) Formulieren Sie mit Strukturformeln den genauen Mechanismus zur Bildung von 1-Chlorpropan aus Propan und Chlor. Geben Sie die nötige Versuchsbedingung sowie die Art des Reaktionsmechanismus an. 6

   b) Bei der Analyse des Endprodukts stellt das Labor fest, dass neben einer Reihe weiterer chlorierter Kohlenwasserstoffe auch Hexan im Produktgemisch enthalten ist. Erklären Sie unter Verwendung einer Reaktionsgleichung die Bildung von Hexan bei dieser Reaktion. 4

3 Durch chromatographische Untersuchungen wurden in einem Stoffgemisch folgende Komponenten gefunden: a) Butan-1-ol, b) 2-Methyl-propan-2-ol; c) Propan-1,3-diol und d) Butan-2-on

3.1 Formulieren Sie die Strukturformeln für die vier Verbindungen. 4

3.2 Das Stoffgemisch lässt sich durch Destillation auftrennen, in dem man das Gemisch allmählich erwärmt. Geben Sie an, in welcher Reihenfolge die Stoffe aus der Destillationsapparatur fließen und begründen Sie ihre Entscheidung. 5

4 Kennzeichnen Sie in folgender Tabelle richtige Aussagen mit einem R und falsche Aussagen mit einem F.

	Die Masse m von Butansäure, die sich in 1 L Wasser auflösen lässt, ist größer als die Masse m von Butanal.
	Die Viskosität von Alkanolen ist bei gleicher Anzahl an C-Atomen größer als die Viskosität entsprechender Alkanale, weil die zwischenmolekularen Kräfte der Alkanole größer sind.
	Primäre Alkanole sind bei gleicher C-Atomzahl genauso gut wasserlöslich wie sekundäre Alkanole, weil die zwischenmolekularen Kräfte beider Stoffgruppen vergleichbar sind.
	Die Masse m von Propan-1,2,3-triol, die sich in 1 L Wasser auflösen lässt, ist größer als die Masse m von Propan-1-ol.
	Mit zunehmender Kettenlänge werden Alkansäuren immer lipophiler, weil der polare Rest immer größeren Einfluss bekommt.

5
30

Lösung

Inhalte: IUPAC-Nomenklatur, Halogenierte Kohlenwasserstoffe, Beilstein-Probe, Radikalische Substitution, Zwischenmolekulare Wechselwirkungen

1

3-Ethyl-4-methyl-pent-4-en-2-on	(4*E*)-6,6-Dihydroxy-4,5-dimethylhept-4-ensäure	4,4,5-Trimethyl-3-oxo-hex-5-ensäure

2.1 Bei der Beilstein-Probe wird die zu testende Substanz auf einen heißen, ausgeglühten Kupfer-Stab gebracht und anschließend in die rauschende Bunsenbrennerflamme gehalten. Färbt sich die Flamme grün–blaugrün, handelt es sich um ein Halogenalkan.

2.2 a)   / *Hinweis: Alkane sind reaktionsträge Substanzen, die im Prinzip nur nach dem Mechanismus der radikalischen Substitution reagieren.*

Der entsprechende Reaktionsmechanismus wird als radikalische Substitution bezeichnet. Um die Startreaktion zu initiieren, muss der Reaktionsansatz mit UV-Licht bestrahlt werden. Dabei werden die Chlor-Moleküle homolytisch in je zwei Chlor-Radikale gespalten:

Startreaktion:

$Cl_2 \longrightarrow 2\,Cl\cdot$

Anschließend kommt es zur Übertragung von Wasserstoffatomen von den Alkanmolekülen auf die Chlor-Radikale, wobei Chlorwasserstoff und Alkylradikale entstehen. Diese reagieren ihrerseits mit den Chlor-Molekülen, wobei Moleküle des Chloralkans und neue Chlor-Radikale gebildet werden, welche die Kettenreaktion fortsetzen:

Reaktionskette:

(1) $H_3C-CH_2-CH_3 + Cl\cdot \longrightarrow \cdot CH_2-CH_2-CH_3 + HCl$

(2) $\cdot CH_2-CH_2-CH_3 + Cl_2 \longrightarrow ClCH_2-CH_2-CH_3 + Cl\cdot$

b) Die Bildung des Nebenprodukts Hexan bei dieser Reaktion resultiert aus einer Abbruchreaktion, bei der sich zwei Propylradikale miteinander verbinden, wodurch die Anzahl der Radikale im Gemisch geringer wird:

$H_3C-CH_2-CH_2\cdot + \cdot CH_2-CH_2-CH_3 \longrightarrow H_3C-CH_2-CH_2-CH_2-CH_2-CH_3$

3.1

	CH$_3$ H$_3$C —|— CH$_3$ OH	H H O $^{\diagup H}$ H — C — C — C — H $_{\diagup}$O H H H	O H$_3$C $\diagup\!\!\diagdown$ CH$_3$
HO $\diagdown\!\!\diagup\!\!\diagdown\!\!\diagup$ CH$_3$			
Butan-1-ol	2-Methyl-propan-2-ol	Propan-1,3-diol	Butan-2-on

3.2 ✎ *Hinweis: Bei Aufgaben, in denen nach einer Reihenfolge der Schmelz- oder Siedepunkte gefragt ist, muss man stets die zwischenmolekularen Kräfte zwischen den beteiligten Molekülen betrachten. Prinzipiell kommen folgende zwischenmolekularen Kräfte vor:*

Van-der-Waals-Kräfte	Schwächste Wechselwirkungen, die zwischen allen Teilchen herrschen, d. h. immer auftreten.
Dipol-Dipol-Kräfte	Zweitschwächste Wechselwirkung, die zwischen polaren Molekülen, deren Ladungsschwerpunkt nicht zusammenfällt, auftritt.
Wasserstoffbrückenbindungen	Zweitstärkste Wechselwirkung, die ein Spezialfall der Dipolkräfte ist und immer dann auftritt, wenn im Molekül polare $-O-H$-, $-N-H$- oder $-F-H$-Bindungen auftreten.
Ionenkräfte	Stärkste Wechselwirkung, die nur zwischen geladenen Teilchen auftritt.

Die betrachteten Stoffe fließen in folgender Reihenfolge aus der Destillationsapparatur:

$D \Rightarrow B \Rightarrow A \Rightarrow C$

Substanzen mit niedrigen Siedetemperaturen werden schneller abdestilliert als solche mit hohem Siedepunkt. C hat den höchsten Siedepunkt, da neben Van-der-Waals-Wechselwirkungen und Dipol-Kräften noch zwei Wasserstoffbrückenbindungen als zwischenmolekulare Kräfte auftreten.

A und B bilden jeweils eine Wasserstoffbrückenbindung aus. A hat aber einen höheren Siedepunkt als B, weil hier die Van-der-Waals-Kräfte wegen der größeren Moleküloberfläche größer sind als bei B.

Den niedrigsten Siedepunkt hat D, weil hier keine Wasserstoffbrückenbindungen, sondern nur Van-der-Waals- und Dipol-Dipol-Kräfte auftreten.

4

R	Die Masse m von Butansäure, die sich in 1 L Wasser auflösen lässt, ist größer als die Masse m von Butanal.
R	Die Viskosität von Alkanolen ist bei gleicher Anzahl an C-Atomen größer als die Viskosität entsprechender Alkanale, weil die zwischenmolekularen Kräfte der Alkanole größer sind.
F	Primäre Alkanole sind bei gleicher C-Atomzahl genauso gut wasserlöslich wie sekundäre Alkanole, weil die zwischenmolekularen Kräfte beider Stoffgruppen vergleichbar sind.
R	Die Masse m von Propan-1,2,3-triol, die sich in 1 L Wasser auflösen lässt, ist größer als die Masse m von Propan-1-ol.
F	Mit zunehmender Kettenlänge werden Alkansäuren immer lipophiler, weil der polare Rest immer größeren Einfluss bekommt.

Punkteschlüssel

Punkte	15	14	13	12	11	10	9	8
BE	ab 29 bis 30	ab 27,5 bis 28,5	ab 26 bis 27	ab 24,5 bis 25,5	ab 23 bis 24	ab 21,5 bis 22,5	ab 20 bis 21	ab 18,5 bis 19,5
Punkte	7	6	5	4	3	2	1	0
BE	ab 17 bis 18	ab 15,5 bis 16,5	ab 14 bis 15	ab 12,5 bis 13,5	ab 10 bis 12	ab 8 bis 9,5	ab 6 bis 7,5	< 6

BE

Aufgabe 1: Verknüpfung von Reaktionen zu Reaktionswegen
Aufgabenstellung

1.1 Geben Sie für alle Pfeile in Abb. 1 die entsprechenden Reaktionstypen an. 7

1.2 Formulieren Sie für die Monobromierung von Butan die einzelnen Reaktionsschritte der radikalischen Substitution und benennen Sie die zwei möglichen Hauptreaktionsprodukte neben Bromwasserstoff. 6

1.3 Ordnen Sie die in Abb. 2 und Abb. 3 dargestellten Chromatogramme den entsprechenden Reaktionen (Bromierung oder Chlorierung) zu. Ordnen Sie den einzelnen Peaks in den Chromatogrammen dann die jeweils entsprechenden Reaktionsprodukte zu und begründen Sie die Produktverteilung. 8

1.4 Durch die Zugabe von Iod lässt sich die Halogenierung verlangsamen bzw. ganz stoppen. Erklären Sie dieses Phänomen unter Berücksichtigung der entsprechenden Bindungsenergien (s. Übersicht). 3

1.5 Erklären Sie das Zustandekommen der Produktverteilung bei der Chlorierung von 1-Chlorbutan. 9
                                                                                  ___
                                                                                  33

Fachspezifische Vorgaben
Abbildung 1 zeigt, wie aus Butan verschiedene chemische Produkte gewonnen werden können.

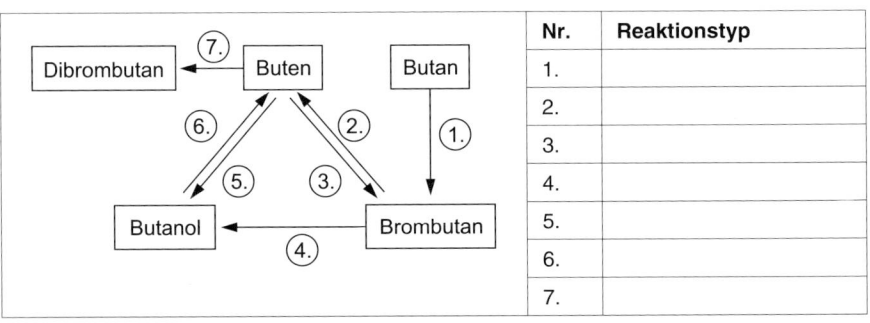

Abb. 1: Reaktionen von Butan

Butan lässt sich schon bei Raumtemperatur unter Lichteinfluss sowohl mit Brom als auch mit Chlor zum entsprechenden Halogenalkan umsetzen. Setzt man die Edukte in einem geeigneten Mengenverhältnis ein, so treten ausschließlich Monosubstitutionsprodukte auf.

Die Reaktionsprodukte beider Reaktionen können anschließend jeweils für sich gaschromatographisch untersucht werden. Die Abb. 2 und 3 zeigen die entsprechenden Chromatogramme der Reaktionsprodukte.

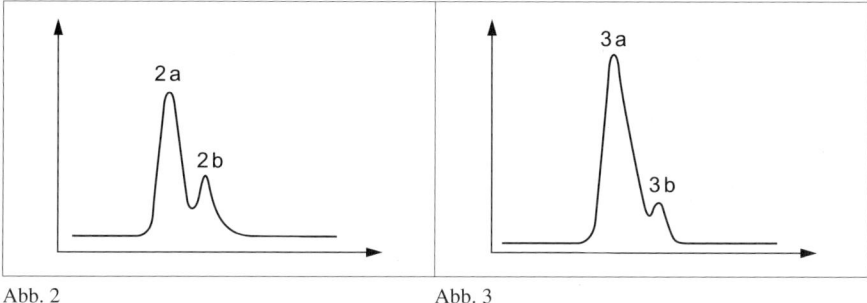

Abb. 2   Abb. 3

Mittlere Bindungsenergien

I–I:	151 kJ · mol^{-1}
H–I:	297 kJ · mol^{-1}
I–Cl:	208 kJ · mol^{-1}
I–Br:	175 kJ · mol^{-1}
C–H:	414 kJ · mol^{-1}
C–Br:	285 kJ · mol^{-1}
C–Cl:	326 kJ · mol^{-1}
C–I:	213 kJ · mol^{-1}

1-Chlorbutan lässt sich dann einer weiteren radikalischen Chlorierung unterziehen. Setzt man die Edukte in einem geeigneten Mengenverhältnis ein, treten nur disubstituierte Butane als Reaktionsprodukte auf.
Die gaschromatographische Auftrennung der entstandenen Dichlorbutane ergibt folgende Produktverteilung: 47 % 1,3-Dichlorbutan; 22 % 1,2-Dichlorbutan; 21 % 1,4-Dichlorbutan und 9 % 1,1-Dichlorbutan.

Aufgabe 2: Reaktion von Halogenalkanen mit wässriger Silbernitratlösung
Aufgabenstellung

2.1 Erläutern Sie den Unterschied zwischen einer S_N1- und S_N2-Reaktion. Benennen Sie dabei zwei Faktoren, die Einfluss darauf haben, ob oder wie schnell eine Reaktion nach S_N1 oder S_N2 abläuft.   6

2.2 Deuten Sie die Beobachtungen aus dem Versuch sowie den ersten Hinweis.
Formulieren Sie für Ansatz B den Reaktionsverlauf mit Strukturformeln und benennen Sie das Nucleophil.

Erklären Sie, welche Reaktion schneller sein müsste, wenn beide Reaktionen nach S_N2 verlaufen würden und diskutieren Sie die unterschiedlichen Reaktionsgeschwindigkeiten in den beiden Ansätzen. 10

2.3 Zeichnen Sie gemäß der Cahn-Ingold-Prelog-Konvention (R/S-Systematik) die Strukturformeln von (R)-2-Brombutan und (S)-2-Butanol. Erklären Sie die Begriffe asymmetrisches C-Atom und Enantiomer. 8

24

Fachspezifische Vorgaben
Versuch:
5 mL der Flüssigkeiten 2-Brombutan und 2-Brom-2-methylpropan werden in je ein Reagenzglas gegeben. In beide Reagenzgläser werden dann gleichzeitig jeweils 5 mL wässrige Silbernitratlösung getropft.

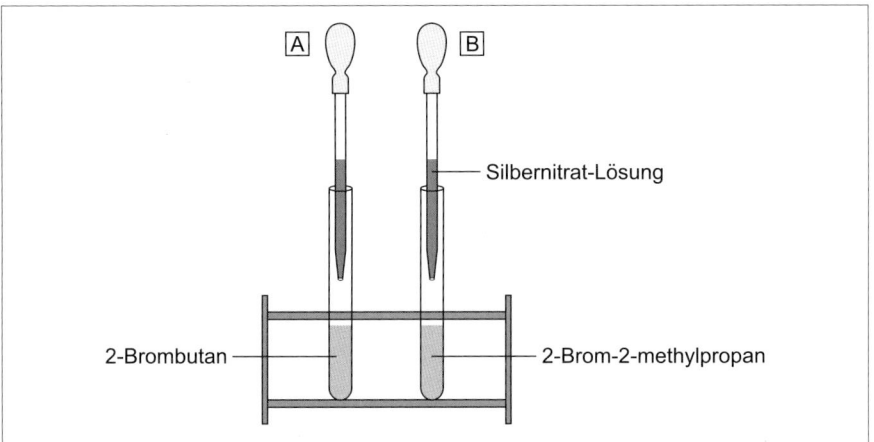

Beobachtungen:
In beiden Ansätzen tritt ein weißlich-gelber Niederschlag auf, allerdings nach unterschiedlichen Zeiten. Die nachfolgende Tabelle gibt diese Zeiten sowie den pH-Wert der wässrigen Phase des Reaktionsansatzes nach 15 min an.

	2-Brombutan	2-Brom-2-methylpropan
Zeit bis zum Auftreten des Niederschlags	2 min	10 sec
pH-Wert nach 15 min	3,5	0,5

Hinweise
Verwendet man (R)-2-Brombutan, entsteht bei der Reaktion im ersten Ansatz ausschließlich (S)-2-Butanol.
Nicht immer sind S_N1-Reaktionen langsamer als S_N2-Reaktionen.

36

Aufgabe 3: Reaktionen von 2-Pentanol
Aufgabenstellung

3.1 Schließen Sie anhand der Untersuchungen auf die Reaktionsprodukte. Formulieren Sie den Reaktionsmechanismus mithilfe der entsprechenden Reaktionsgleichungen (mit Strukturformeln) und benennen Sie die Produkte A und B.   10

3.2 Erklären Sie, warum man die Produkte in größerer Ausbeute erhält, wenn man Sie durch das Erhitzen aus der Lösung „vertreibt"?   2

3.3 Angenommen, man hat die Produkte A und B voneinander getrennt und lässt sie danach jeweils mit Bromwasserstofflösung (HBr (aq)) reagieren. In beiden Reaktionen sind je zwei Produkte denkbar. Benennen Sie den Reaktionstyp, beschreiben Sie die Reaktionen mit Reaktionsgleichungen und begründen Sie, ob und ggf. welches Produkt jeweils bevorzugt gebildet wird.
Hinweis: Sollte es Ihnen nicht gelingen, in Aufgabe 3.1 die Produkte zu bestimmen, können Sie anstelle der Verbindungen A und B mit Propen und 2-Hexen weiterarbeiten.   <u>8</u>

     20

Fachspezifische Vorgaben
Versuch:

In einem Rundkolben mit Thermometer werden 20 mL 2-Pentanol nach Zugabe von wenigen mL Phosphorsäure auf 120 °C erhitzt. Die bei der Reaktion entstehenden Gase werden in einer eisgekühlten „Kühlfalle" zur Kondensation gebracht. Die dabei entstehende Flüssigkeit wird anschließend näher untersucht.

(I) Bromwasserprobe:	Zu beiden Verbindungen A und B wird Bromwasser gegeben. Es zeigt sich in beiden Fällen (auch ohne Belichtung) eine Entfärbung des Bromwassers.
(II) Destillation:	Bei der Destillation zeigt sich, dass die Flüssigkeit aus zwei verschiedenen Stoffen A und B besteht.
(III) Siedepunktbestimmung:	Die Siedetemperatur der Verbindung A beträgt 30 °C, die der Verbindung B 36 °C (zum Vergleich: der Siedepunkt von 2-Pentanol beträgt 119 °C).

     77

Lösung

Inhalte: Elektrophile Addition, Eliminierung, Nucleophile Substitution, Radikalische Substitution

1.1 1. (radikalische) Substitution
     2. Eliminierung
     3. (elektrophile) Addition
     4. (nucleophile) Substitution
     5. Eliminierung
     6. (elektrophile) Addition
     7. (elektrophile) Addition

1.2 Startreaktion:

$$Br_2 \xrightarrow{\ h\nu\ } 2\,Br\cdot$$

Kettenraktion:

$$Br\cdot + CH_3-CH_2-CH_2-CH_3 \longrightarrow HBr + CH_3-\overset{\cdot}{C}H-CH_2-CH_3$$

$$CH_3-\overset{\cdot}{C}H-CH_2-CH_3 + Br_2 \longrightarrow CH_3-CHBr-CH_2-CH_3 + Br\cdot$$

Abbruchreaktionen:

$$2\,Br\cdot \longrightarrow Br_2$$

$$CH_3-\overset{\cdot}{C}H-CH_2-CH_3 + Br\cdot \longrightarrow CH_3-CHBr-CH_2-CH_3$$

$$2\ CH_3-\overset{\cdot}{C}H-CH_2-CH_3 \longrightarrow \begin{array}{c} H \\ | \\ H_3C-C-CH_2-CH_3 \\ | \\ H_3C-C-CH_2-CH_3 \\ | \\ H \end{array}$$

Mögliche Reaktionsprodukte: 2-Brombutan und 1-Brombutan

1.3 Diagramme: Abb. 2: Chlorierung, Abb. 3 Bromierung

Peaks: 2a: 2-Chlorbutan, 2b: 1-Chlorbutan,
       3a: 2-Brombutan, 3b: 1-Brombutan.

Bromierung: 2-Brompropan wird als Hauptprodukt gebildet, da dieses aus dem sekundären Butylradikal gebildet wird. 1-Brombutan dagegen wird aus dem primären Butylradikal gebildet. Die Bildung des sekundären Butylradikals ist zwar statistisch unwahrscheinlicher (4:6), aber es ist stabiler (bzw. energieärmer) als das primäre Butylradikal (zwei +I-Substituenten beim sekundären, ein +I-Substituent beim primären Butylradikal ⇒ Abschwächung des Elektronenmangels am radikalischen C-Atom) und wird somit häufiger gebildet.

Bei der Chlorierung gilt grundsätzlich die gleiche Argumentation, allerdings ist die Selektivität der Reaktion weniger stark ausgeprägt.

Hinweis: Das Nebenprodukt tritt häufiger auf als bei der Bromierung.

Grund hierfür ist die größere Reaktivität des Chlors.

Hinweis: Die größere Reaktivität des Chlors wird durch die geringere Stabilität des kleineren Radikals bedingt.

1.4 Die während der Reaktion entstehenden Radikale spalten bevorzugt das I_2-Molekül (Bindungsenergie: 151 kJ $\cdot$ mol^{-1}), sodass ein Iodradikal entsteht. Dieses ist allerdings so wenig reaktiv, dass die Reaktion abbricht. Die Spaltung einer C–H-Bindung: (414 kJ $\cdot$ mol^{-1}) ist z. B. nicht möglich, da beim Knüpfen einer H–I-Bindung nur 297 kJ $\cdot$ mol^{-1} frei werden.

1.5 Die Zweitsubstitution kann über vier verschiedene Radikale ablaufen:

1. $Cl{-}CH_2{-}CH_2{-}CH_2{-}\overset{\bullet}{C}H_2$
2. $Cl{-}CH_2{-}CH_2{-}\overset{\bullet}{C}H{-}CH_3$
3. $Cl{-}CH_2{-}\overset{\bullet}{C}H{-}CH_2{-}CH_3$
4. $Cl{-}\overset{\bullet}{C}H{-}CH_2{-}CH_2{-}CH_3$

Nr. 4 ist am instabilsten, da es zum einen ein primäres Radikal ist und zum anderen am radikalischen C-Atom noch ein –I-Substituent gebunden ist, der den Elektronenmangel am radikalischen C-Atom noch verstärkt, deshalb wird das daraus entstehende Produkt (1,1-Dichlorbutan) am seltensten gebildet.
Nr. 1 ist ebenfalls relativ instabil, da es sich ebenfalls um ein primäres Radikal handelt, aber ohne –I-Substituent am radikalischen C-Atom, deshalb ist das abgeleitete Produkt 1,4-Dichlorbutan das zweitseltenste Produkt.
Nr. 2 und 3 sind sekundäre Radikale und damit etwas stabiler. Allerdings ist bei Nr. 3 das radikalische C-Atom nur durch eine CH_2-Gruppe vom –I-Substituenten getrennt, dadurch wird das Radikal destabilisiert und tritt damit weniger häufig auf als das Radikal Nr. 2. Somit ist 1,2-Dichlorbutan das zweithäufigste Produkt.
Bei Nr. 2 ist das radikalische C-Atom durch zwei CH_2-Gruppen vom –I-Substituenten getrennt, deshalb wirkt sich dieser weniger stark aus. Somit tritt das abgeleitete Produkt 1,3-Dichlorbutan am häufigsten auf.

2.1 S_N1: Der geschwindigkeitsbestimmende Schritt hängt nur von der Konzentration des „Substrats" ab, nicht von der Konzentration des Nucleophils. Die Abgangsgruppe löst sich, erst danach erfolgt der Angriff des Nucleophils. Als Zwischenprodukt tritt ein trigonal-planar substituiertes Carbokation auf.

S_N2: Der geschwindigkeitsbestimmende Schritt hängt von der Konzentration des Substrats und von der Konzentration des Nucleophils ab. Im Übergangszustand erfolgen der Angriff des Nucleophils und das Ablösen der Abgangsgruppe gleichzeitig, so dass bevorzugt ein Rückseitenangriff stattfindet.

Denkbare Faktoren:
Abgangsgruppe (gute/schlechte Stabilisierung der Elektronen korreliert mit Basizität), **Art des Nucleophils** (Ladung, Polarisierbarkeit der Elektronenhülle), **Struktur des Substrats** (sterische Hinderung, Stabilisierung des Carbokations), **Lösemittel** (unpolar/polar, protisch/aprotisch, Solvatisierung der Ionen, Solvatisierung des Nucleophils).

2.2 Das Auftreten eines weißlich-gelben Niederschlags zeigt das Entstehen von Bromid-Ionen (Fällung als schwerlösliches Silberbromid) an. Die Erniedrigung des pH-Werts deutet auf die Entstehung von H^+-Ionen hin, die beschriebene Inversion auf den Ablauf der ersten Reaktion nach dem S_N2-Mechanismus.

Reaktionsverlauf für Ansatz B: Das Nucleophil ist ein Wassermolekül:

2-Brom-2-methylpropan

2-Methyl-2-propanol

Die Reaktion in Ansatz A verläuft ebenfalls über eine S_N2-Reaktion (Inversion), die aber aufgrund der sterischen Hinderung und des polar protischen Lösemittels sowie der geringen Nucleophilie von Wasser hier allerdings relativ langsam verläuft. Die Reaktion in Ansatz B müsste aufgrund der größeren sterischen Hinderung nach S_N2 langsamer ablaufen. Sie verläuft aber über das stabilisierte tertiäre Carbokation als Zwischenprodukt nach dem S_N1-Mechanismus im polaren Lösemittel Wasser schnell ab.

2.3

(R)-2-Brombutan

(S)-2-Butanol

Hinweis: Adäquate alternative Darstellungsweisen sind zulässig.

40

Als **asymmetrisches Kohlenstoffatom** bezeichnet man ein Kohlenstoffatom, das vier unterschiedliche Substituenten (Reste) trägt. Anstelle dieser Bezeichnung wird heute auch der korrekte Ausdruck „Chiralitätszentrum" verwendet. Asymmetrische Kohlenstoffatome werden meist in der Strukturformel mit einem Stern gekennzeichnet. Verbindungen mit einem asymmetrischen Kohlenstoffatom können chiral und optisch aktiv sein.

Enantiomere sind Stereoisomere chemischer Verbindungen, die die gleiche Summenformel haben und in denen Atome in gleicher Weise miteinander verknüpft sind, die aber z. B. mindestens ein asymmetrisches Kohlenstoffatom besitzen. So ergibt sich die Möglichkeit eines „Enantiomerenpaars", in dem sich die Moleküle zueinander wie Bild und Spiegelbild verhalten. Daher nennt man sie auch Spiegelbildisomere. Sie können nicht zur Deckung gebracht werden.

3.1 Die Bromwasserprobe zeigt, dass Alkene entstanden sind, die das Brom bei der Bromwasserprobe an die Doppelbindung addieren. Darauf weisen auch die vergleichsweise niedrigen Siedetemperaturen der Produkte hin (Wegfall der Wasserstoffbrückenbindungen des Alkohols).

Es sind zwei Alkene zu formulieren: 1-Penten (A) und 2-Penten (B), wobei bei letzterem die *cis/trans*-Isomerie vernachlässigt wird.

Hinweis: Die Entstehung eines Ethers ist ebenfalls denkbar, allerdings fällt mit diesem Produkt die Bromwasserprobe (oder Probe mit Baeyer-Reagenz) negativ aus.

3.2 Durch das Vertreiben aus der Lösung werden Rückreaktion und Nebenreaktionen verhindert, wie z. B. Addition von H_2O an die entstehenden Alkene, Addition von Alkohol an die Alkene, Polymerisierung.
Zudem wird der Gleichgewichts-Reaktion das Produkt entzogen, welches dadurch stetig nachgebildet wird (Prinzip von Le Chatelier).

41

3.3 In beiden Fällen handelt es sich um eine elektrophile Addition.

A H_2C ⟍⟋ CH_3 + HBr ⟶

1-Penten

1-Brompentan
Br ⟍⟋⟍⟋ CH_3

+

Br
H_3C ⟍⟋ CH_3
2-Brompentan

Zuerst erfolgt die Anlagerung des H^+-Ions. Dadurch entsteht zwischenzeitlich ein Carbokation. Bei der Bildung von 1-Brompentan läuft die Reaktion über ein primäres Carbokation, bei 2-Brompentan über ein stabileres sekundäres Carbokation (+I-Effekt) ab. Die Reaktion über das stabilere Zwischenprodukt läuft vermehrt ab, bevorzugt entsteht also 2-Brompentan.

Hinweis: Die Beschreibung der Reaktion mit dem nucleophilen Angriff von Wasser als Konkurrenzreaktion ist zulässig und gibt ebenso Punkte.

B H_3C ⟍⟋ CH_3 + HBr ⟶

2-Penten

Br
H_3C ⟍⟋ CH_3
2-Brompentan

+

H_3C ⟍⟋⟍ CH_3
Br
3-Brompentan

In beiden Fällen läuft die Reaktion über ein sekundäres Carbokation, daher wird die Produktverteilung relativ ausgeglichen sein.

Punkteschlüssel							
Punkte	15	14	13	12	11	10	9	8
BE	ab 74 bis 77	ab 70 bis 73	ab 66 bis 69	ab 62 bis 65	ab 58 bis 61	ab 54 bis 57	ab 50 bis 53	ab 45 bis 49
Punkte	7	6	5	4	3	2	1	0
BE	ab 42 bis 44	ab 38 bis 41	ab 35 bis 37	ab 31 bis 34	ab 27 bis 30	ab 22 bis 26	ab 19 bis 21	< 19

BE

Der Indikator Methylrot und die Struktur seiner Grundbausteine
Der Farbstoff Methylrot (4'-Dimethylamino-azobenzol-2-carbonsäure) ist ein unter anderem als pH-Indikator eingesetzter Azofarbstoff. Er wird aus 2-Amino-benzoesäure (Anthranilsäure) und N,N-Dimethylanilin (Dimethylaminobenzol, $C_6H_5N(CH_3)_2$) hergestellt.

1   Benzol ist der Prototyp aromatischer Verbindungen und somit auch Grundbaustein der Azofarbstoffe.
Zur Untersuchung der Struktur des Benzols werden im Vergleich zu anderen ringförmigen C_6-Verbindungen die molaren Reaktionsenthalpien der vollständigen Hydrierung bestimmt.

Cyclohexen:

$C_6H_{10} + H_2 \longrightarrow C_6H_{12}$ $\Delta_R H = -119 \text{ kJ} \cdot \text{mol}^{-1}$

1,4-Cyclohexadien:

$C_6H_8 + 2 H_2 \longrightarrow C_6H_{12}$ $\Delta_R H = -238 \text{ kJ} \cdot \text{mol}^{-1}$

Benzol:

$C_6H_6 + 3 H_2 \longrightarrow C_6H_{12}$ $\Delta_R H = -208 \text{ kJ} \cdot \text{mol}^{-1}$

Beschreiben Sie unter Nutzung einer Skizze die Bindungsverhältnisse im Benzol-Molekül auf der Grundlage des Orbitalmodells. Begründen Sie die Abweichung der Reaktionsenthalpie vom theoretisch zu erwartenden Wert von $\Delta_R H = -357 \text{ kJ} \cdot \text{mol}^{-1}$.   10

2   Vergleichen und begründen Sie die folgenden Eigenschaften:
I: die Säurestärke des Ausgangsstoffes Anthranilsäure mit der von Benzoesäure
II: den Schmelzpunkt von Benzoesäure und Anthranilsäure   6

3   Die Herstellung der Azofarbstoffe am Beispiel des Methylrots erfolgt nach folgendem Mechanismus:
• Diazotierung:
Ausgegangen wird von aromatischen Aminen und einer Nitrit-Lösung. Diese Lösung wird mithilfe von Salzsäure angesäuert, wobei sich das Nitrosyl-Kation (NO^+) bildet. Dieses ist mesomeriestabilisiert und greift nun an das Anthranilsäure-Molekül an. Unter Abspaltung eines Protons und anschließender Protonenwanderung entsteht das Zwischenprodukt (1). In saurer Lösung bildet sich unter Wasserabspaltung das Diazoniumion (2).

(1)

(2)

- Azokupplung:
  Das *N,N*-Dimethylanilin kann nun mit seinem Kohlenstoffatom 4 an der Azogruppe angreifen. Nach Abspaltung eines Protons entsteht der fertige Azofarbstoff.

3.1 Geben Sie die Strukturformeln der Ausgangsstoffe 2-Aminobenzoesäure (Anthranilsäure) und *N,N*-Dimethylanilin (Dimethylaminobenzol, $C_6H_5N(CH_3)_2$) an.   2

3.2 Beschreiben Sie den Reaktionsschritt des Angriffs des Nitrosyl-Kations an das Anilinmolekül.   3

3.3 Formulieren Sie eine mesomere Grenzstruktur für folgende Teilchen:
   I: das Nitrosyl-Kation
   II: das Kation (2), in der die Elektronenverteilung der Azogruppe verändert ist.   2

3.4 Geben Sie die Strukturformel des Methylrots an und kennzeichnen Sie das Chromophor sowie eventuell vorhandene auxochrome und antiauxochrome Gruppen.   5

3.5 Bei pH-Werten unter 4,4 liegt Methylrot als protonierte Form vor und ist rot, nach Deprotonierung wird es bei pH = 6,2 gelb.
   Für welche der folgenden Säure-Base-Titrationen ist Methylrot als Indikator geeignet? Begründen Sie.
   I: Chlorwasserstoffsäure + Natronlauge
   II: Chlorwasserstoffsäure + Ammoniaklösung
   III: Essigsäure + Natronlauge   2

44

4   Durch die Bildung von Diazo-, Triazoverbindungen oder das Einfügen von weiteren Substituenten in Azoverbindungen erhält man eine große Farbskala. Erklären Sie diesen Sachverhalt.   3

5   Azofarbstoffe eignen sich – sofern sie nicht als kanzerogen eingestuft sind – zum Färben von Textilien, besonders für die Färbung von Polyesterfasern. Dabei gelten sie als besonders wasch- und reibfest.

5.1 Entwickeln Sie eine allgemeine Reaktionsgleichung für die Herstellung eines Polyesters und benennen Sie den Polyreaktionstyp.   3

5.2 Azofarbstoffe gehören zu den so genannten Dispersionsfarbstoffen. Charakterisieren Sie diese Farbstoffgruppe.   2
    ___
    38

Lösung

Inhalte: Indikator, Methylrot, Aromatische Verbindungen, Bindungsverhältnisse, Azofarbstoffe, Mesomere Grenzstrukturen, Farbigkeit, Titration, Polyester, Dispersionsfarbstoff, Polykondensation

1 Ein Benzolmolekül besteht aus sechs sp^2-hybridisierten Kohlenstoffatomen sowie sechs Wasserstoffatomen. Zwischen den Kohlenstoffatomen besteht jeweils eine sp^2-sp^2-σ-Bindung und zwischen den Kohlenstoff- und Wasserstoffatomen eine sp^2-s-σ-Bindung. Aus der Hybridisierung der Kohlenstoffatome ergibt sich ein Bindungswinkel von 120° und eine planare Struktur.

Das jeweils vierte Außenelektron jedes Kohlenstoffatoms befindet sich im nicht an der Hybridisierung beteiligten p_z-Orbital, welches senkrecht zu den Hybridorbitalen ausgerichtet ist. Durch Überlappung dieser p-Orbitale können sich die Elektronen ober- und unterhalb der Verbindungslinie zwischen den Atomkernen des Kohlenstoffs über das gesamte Molekül bewegen. Diese π-Elektronen sind damit nicht an ein konkretes Atom gebunden, sondern delokalisiert.

Die Elektronenverteilung im Molekül kann durch folgende Grenzformeln angegeben werden:

Für die Angabe der realen Elektronenverteilung ist folgende Formel geeignet:

Die Energiedifferenz zwischen den beiden Grenzformeln des Benzolmoleküls und der tatsächlichen Elektronenverteilung wird Mesomerieenergie genannt und ist die Ursache für die Abweichung der Reaktionsenthalpie bei der Hydrierung des Benzols.

$E_M = 151 \text{ kJ} \cdot \text{mol}^{-1}$

46

2 I: K_S(Benzoesäure) > K_S(Anthranilsäure)

Die Aminogruppe der Anthranilsäure reagiert basisch, schwächt also die saure Wirkung der Carboxygruppe ab.

Hinweis: Weitere Möglichkeit zur Erklärung:

Die Aminogruppe hat einen +M- und einen –I-Effekt. Dabei ist die Wirkung des mesomeren Effekts größer als die des induktiven Effekts. Die dadurch entstehende elektronenschiebende Wirkung führt auch in der Carboxygruppe zu einer erschwerten Abspaltung des Protons.

II: Schmelzpunkt(Benzoesäure) < Schmelzpunkt(Anthranilsäure)

Während zwischen Benzoesäure-Molekülen nur Wasserstoffbrückenbindungen zwischen den Carboxygruppen ausgebildet werden können, treten diese starken zwischenmolekularen Kräfte bei der Anthranilsäure zwischen den Carboxygruppen und den Aminogruppen – und damit zahlreicher – auf.

3.1

2-Aminobenzoesäure   *N,N*´-Dimethylanilin

3.2 Das Nitrosylion kann durch seine positive Ladung an der Aminogruppe der Anthranilsäure angreifen. Dieser elektrophile Angriff erfolgt am Stickstoffatom, das durch seine elektronenziehende Wirkung sowie durch das freie Elektronenpaar eine erhöhte Elektronendichte besitzt.

3.3 I

II

47

3.4

Chromophor

auxochrome Gruppe

antiauxochrome Gruppe

3.5 II: Der Äquivalenzpunkt bei der Titration einer sehr starken Säure (Chlorwasserstoffsäure) mit einer schwachen Base (Ammoniak) liegt im schwach sauren Bereich, der durch den Umschlagsbereich des Methylrots (4,4–6,2) erfasst wird.

4 Diazo- oder Triazoverbindungen führen durch Erweiterung des Chromophors zur Verlängerung des konjugierten Systems. Weitere Substituenten können als auxo- oder antiauxochrome Gruppe ebenfalls in das konjugierte System einbezogen werden. Beide Möglichkeiten führen zu sehr unterschiedlichen Absorptionsmaxima, was zu einer breiten Farbpalette an Azofarbstoffen führt.

5.1 Polykondensation:

5.2 Dispersionsfarbstoffe sind wasserunlösliche Farbstoffe, die feinverteilt auf die Faser aufgetragen werden. Aufgrund ihrer hohen Affinität zu hydrophoben Stoffen diffundieren sie gut zwischen die Fasermoleküle und bleiben so an der Faser haften.

Punkteschlüssel							
Punkte	15	14	13	12	11	10	9	8
BE	ab 37 bis 38	ab 35 bis 36	ab 33 bis 34	ab 31 bis 32	ab 29 bis 30	ab 27 bis 28	ab 25 bis 26	ab 23 bis 24
Punkte	7	6	5	4	3	2	1	0
BE	ab 21 bis 22	ab 19 bis 20	ab 18	ab 16 bis 17	ab 13 bis 15	ab 11 bis 12	ab 8 bis 10	< 8

BE

Aufgabenstellung

1 Ordnen Sie das Färben mit Indigo einem Färbeverfahren zu.
Beschreiben und erläutern Sie dieses Färbeverfahren am Beispiel des Indigos.
Formulieren Sie dabei die Teil- und die Gesamtreaktionsgleichungen für die Reduktion von Indigo und geben Sie an, welche Atome im Indigo-Molekül ihre Oxidationszahl ändern. 14

2 Ordnen Sie Reaktivschwarz 5 einer Farbstoffklasse zu und benennen Sie das beschriebene Färbeverfahren sowie die beiden hintereinander ablaufenden Reaktionstypen bei der Färbung der Baumwollfaser mit Reaktivschwarz 5. 4

3 Kennzeichnen Sie in der Strukturformel von Reaktivschwarz 5 die einzelnen Bestandteile des Farbstoffs und benennen Sie Ihre Funktion.
Entwickeln Sie Strukturformeln für ein Diazonium-Ion sowie für eine Kupplungskomponente, aus der man Reaktivschwarz 5 theoretisch synthetisieren könnte.
Begründen Sie Ihre Auswahl sinnvoll. 18

4 Beurteilen Sie die Waschechtheit von Indigo und Reaktivschwarz 5 auf einer Baumwollfaser unter Benennung der Wechselwirkungen und erläutern Sie den Hinweis des Herstellers bezüglich der Verwendung von Mischfasern. 10

5 Erläutern Sie die Hydrolyse des Vinylsulfonankers als Konkurrenzreaktion zur Reaktion mit der Baumwollfaser.
Erklären Sie, inwiefern das Färben mit Farbstoffen wie Reaktivschwarz 5 im Vergleich zu Farbstoffen mit nur einem reaktiven Anker umweltverträglicher ist. 12
58

Fachspezifische Vorgaben

Das Färben mit Indigo war schon im alten Ägypten bekannt. Während der natürliche Indigo nur noch einen geringen Marktanteil besitzt, ist der künstliche Indigo ein wichtiger Farbstoff für die von Levi Strauss im Jahre 1850 erfundenen Jeans. Zunächst war die Jeans aus blauem, reißfestem Baumwoll-Stoff als Arbeitshose für die Goldgräber in Kalifornien gedacht. Nach und nach eroberte sie als modisches Kleidungsstück die ganze Welt. Noch heute werden die meisten Markenjeans mit Indigo gefärbt.

Indigo   Leukoindigo (Indigoweiß)

Reduktion / Oxidation

Als Reduktionsmittel dient in der Regel Natriumdithionit. Dithionit-Ionen werden in alkalischer Lösung zu Sulfit-Ionen oxidiert, dabei entsteht auch Wasser.

Sowohl durch das Waschen als durch den Abrieb verliert die Jeans mit der Zeit ihre Farbe. Verbraucher können ihre Jeans aber relativ kostengünstig nachfärben, u. a. mit „Echtfarben" für die Waschmaschine, z. B. von der Firma Simplicol®. Das Paket „Simplicol Farb-Erneuerung Blau" enthält als Hauptbestandteil den Farbstoff Reaktivschwarz 5, den man einfach zum Waschgut in die Maschine gibt.

In alkalischer Lösung reagiert der Farbstoff zunächst unter Bildung des Vinylsulfonankers, der im Anschluss mit Teilen der Cellulose-Faser weiterreagiert. Das Verfahren ist für alle derartigen Farbstoffe gleich und lässt sich an folgendem Beispielfarbstoff (F) allgemein beschreiben:

Neben der Fixierungsreaktion des Farbstoffes mit der Faser kommt es bei der parallel stattfindenden Konkurrenzreaktion mit dem Lösungsmittel Wasser zu einer Hydrolyse. Das dabei gebildete Hydrolysat ist nicht mehr in Lage, mit der Faser eine kovalente Bindung einzugehen und muss deshalb mit dem Abwasser entsorgt werden.

Im Internet macht der Hersteller für alle seine Farbstoffe folgende Angaben: „Schauen Sie vor dem Färben unbedingt aufs Etikett: Mischfasern nehmen die Farbe nicht so gut auf wie reine Baumwolle oder reines Leinen. Die Intensität des Farbtons wird schwächer. Der nicht färbbare Synthetikanteil sollte 50 % nicht überschreiten."

Zusatzinformationen

Summenformel Dithionit-Ion: $S_2O_4^{2-}$

Summenformel Sulfit-Ion: SO_3^{2-}

Strukturformel Reaktivschwarz 5:

Modellausschnitt einer Baumwollfaser:

Modellausschnitt einer Polypropylenfaser als Beispiel für eine Synthetikfaser:

Lösung

Inhalte: Küpenfärbung, Reaktivfärbung, Azofarbstoffe (Diazotierung, Azokupplung, Synthese), Intermolekulare Wechselwirkungen

1 Beim Färben mit Indigo handelt es sich um das sogenannte Küpenfärben. Indigo ist in Wasser unlöslich. Durch Reduktion wird der Küpenfarbstoff zunächst in die wasserlösliche Form des Leukoindigos überführt, sodass er auf die Baumwollfaser aufgezogen werden kann. Durch Luftsauerstoff erfolgt die Rückoxidation zum wasserunlöslichen Indigo.

Reaktionsgleichungen für die Reduktion von Indigo:

Oxidation

$$\overset{+III}{S_2}O_4^{2-}{}_{(aq)} + 4\,OH^- \rightleftharpoons 2\,\overset{+IV}{S}O_3^{2-}{}_{(aq)} + 2\,H_2O + 2\,e^-$$

Reduktion

Gesamtgleichung

$$S_2O_4^{2-} + Indigo + 4\,OH^- \rightleftharpoons 2\,SO_3^{2-} + Leukoindigo + 2\,H_2O$$

2 Der Farbstoff Reaktivschwarz 5 gehört zur Gruppe der Azofarbstoffe. Beim beschriebenen Färbeverfahren handelt es sich um das Reaktivfärben. Bei den beiden hintereinander ablaufenden Reaktionen handelt es sich um Eliminierung und Addition.

53

3

Chromophor:
Azogruppen /
ausgedehntes konjugiertes
π-Elektronensystem ——————

Anker zur Reaktion
mit der Faser

Sulfatgruppe ———
zur Erhöhung der
Wasserlöslichkeit

NaO_3S ... $N \equiv N|$ ... Diazonium-Ion

NaO_3S ... SO_3Na

OH NH_2

Kupplungskomponente
(1-Amino-8-naphthol-
3,6-disulfonsäure-Dinatriumsalz,
Dinatriumsalz der sogenannten H-Säure)

Erstens ist die Kupplungskomponente geeignet, da sie zwei Substituenten mit +M-Effekt enthält, die aktivierend wirken. Ohne diese Substituenten würde der elektrophile Angriff zu langsam erfolgen. Zweitens dirigieren beide Substituenten in die gewünschte *ortho-* bzw. *para-*Stellung. Würden die Komponenten anders gewählt, wäre dies nicht möglich.

4   Beide Farbstoffe sind nicht wasserlöslich. Indigo wird lediglich in die Baumwollfasern eingelagert, wohingegen bei Reaktivschwarz 5 haltbare kovalente Bindungen geknüpft werden, wodurch die Färbung waschechter ist als im Fall von Indigo.

Der Hinweis des Herstellers, dass die Anwendung auf Mischfasern zu einer geringeren Färbung führt, lässt sich damit erklären, dass die gezeigte synthetische Faser im Gegensatz zu Baumwolle oder Leinen keine Hydroxygruppen enthält und deshalb nicht wie beschrieben mit dem Farbstoffanker stabile kovalente Bindungen ausbilden kann.

5   Die Konkurrenzreaktion besteht darin, dass ein Wassermolekül an den Vinylsulfonanker addiert werden kann. Dadurch kommt es zu einer Hydrolyse, sodass eine anschließende Bindungsbildung mit der Faser nicht mehr möglich ist.

Das Färben mit Farbstoffen wie Reaktivschwarz 5 ist im Vergleich zu Farbstoffen mit nur einem reaktiven Anker umweltverträglicher, da bei zwei Ankern die Wahrscheinlichkeit, dass beide Anker eines Farbstoffmoleküls hydrolysiert werden, deutlich geringer ist als bei einem Anker. Somit haftet mehr Farbstoff auf der Faser und es gelangt weniger über das Spülwasser in die Umwelt.

Punkteschlüssel							
Punkte	15	14	13	12	11	10	9	8
BE	ab 56 bis 58	ab 53 bis 55	ab 50 bis 52	ab 47 bis 49	ab 44 bis 46	ab 41 bis 43	ab 37 bis 40	ab 34 bis 36
Punkte	7	6	5	4	3	2	1	0
BE	ab 32 bis 33	ab 29 bis 31	ab 26 bis 28	ab 23 bis 25	ab 20 bis 22	ab 17 bis 19	ab 14 bis 16	< 14

BE

Aufgabenstellung

1   Beschreiben Sie anhand der Molekülstruktur, inwiefern Cochenillerot A
     die im Text genannten Eigenschaften eines Lebensmittelfarbstoffs erfüllt.   2

2   Für die Synthese von Bismarckbraun gibt es zwei theoretisch mögliche
     Diazo- und zwei theoretisch mögliche Kupplungskomponenten.

2.1 Diskutieren Sie beide Möglichkeiten und wählen Sie unter ausführlicher
     Begründung eine aus.   14

2.2 Stellen Sie ausführlich dar, wie man die von Ihnen vorgeschlagene Diazo-
     Komponente aus Benzol synthetisieren könnte.   4

2.3 Erläutern Sie an diesem Beispiel den Mechanismus der Azokupplung.   2

3   Diskutieren Sie die pH-Werte, bei denen Sie die einzelnen Schritte der un-
     ter 2 beschriebenen Synthese durchführen würden.
     Erörtern Sie jeweils die Folgen, die sich aus einer stärkeren Abweichung
     von den von Ihnen vorgeschlagenen pH-Wert ergeben würden.   4

4   Begründen Sie anhand geeigneter mesomerer Grenzstrukturen die unter-
     schiedlichen Farben von Kongorot bei pH 3 und pH 8.   <u>4</u>
                                                             30

Fachspezifische Vorgaben

Ausgewählte, gut wasserlösliche Azofarbstoffe sind auf ihre Eignung als Lebensmit-
telfarbstoffe geprüft und zugelassen. Die hohe Wasserlöslichkeit statt einer Fettlöslichkeit des Farbkörpers verhindert die Gefahr der Einlagerung im Körper, indem die
Stoffe leichter über den Urin ausgeschieden werden.
Für Lederfarbstoffe kommen ebenfalls Azofarbstoffe zum Einsatz, wobei hier eher
auf Fettlöslichkeit geachtet wird. Bismarckbraun findet als derartiger Lederfarbstoff
Verwendung. Das Absorptionsmaximum liegt bei 508 nm.
Da die Azobrücke abhängig vom pH-Wert in protonierter oder deprotonierter Form
vorliegen kann, werden Azofarbstoffe auch als Säure-Base-Indikatoren eingesetzt.
Beispiele sind Methylrot, Methylorange, Kongorot oder Alizaringelb.

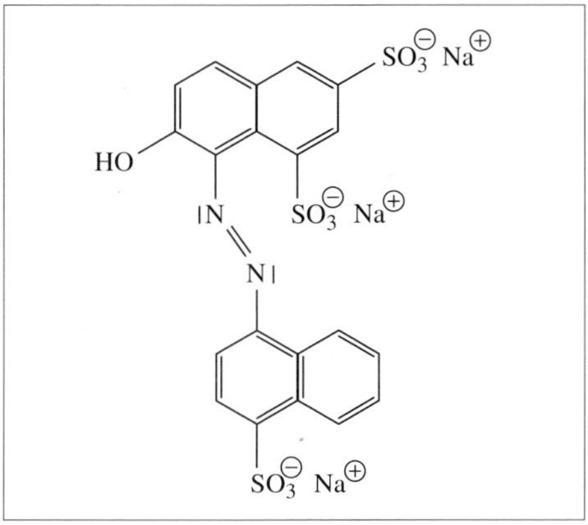

$SO_3^{\ominus}$ $Na^{\oplus}$

HO

$SO_3^{\ominus}$ $Na^{\oplus}$

$SO_3^{\ominus}$ $Na^{\oplus}$

Struktur von Cochenillerot A (E 124)

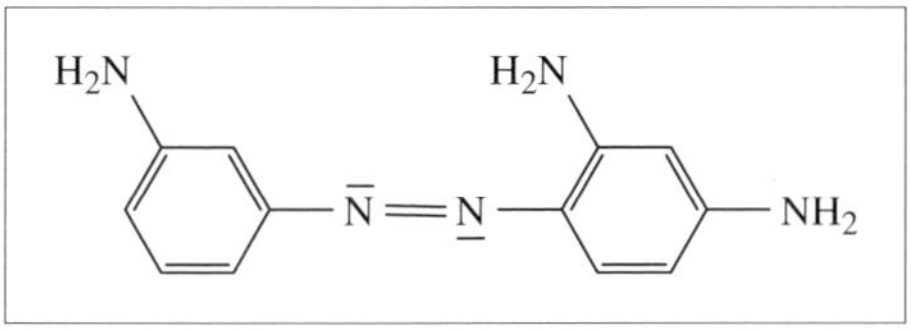

H_2N H_2N

NH_2

Struktur von Bismarckbraun

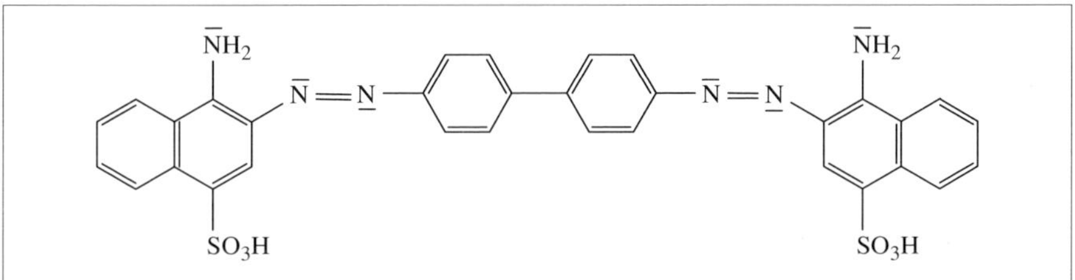

NH_2 NH_2

SO_3H SO_3H

λ_{max} = 589 nm bei pH 3
λ_{max} = 486 nm bei pH 8

Struktur von Kongorot (unprotonierte Form, pH 8)

Wellenbe-reiche [nm]	400–435	435–480	480–490	490–500	500–560	560–580	580–595	595–605	605–770
absorbierte Farbe	violett	blau	grün-blau	blau-grün	grün	gelb-grün	gelb	orange	rot
Komplemen-tärfarbe	gelb-grün	gelb	orange	rot	purpur	violett	blau	grün-blau	blau-grün

Lichtabsorption und Komplementärfarbe

57

Lösung

Inhalte: Farbigkeit und Struktur, Farbigkeit in Abhängigkeit vom pH-Wert, Synthese eines Azofarbstoffs, Azokupplung, Diazotierung, Elektrophile aromatische Substitution, Erst- und Zweitsubstitution

1 Aufgrund der drei Sulfonsäurereste ist Cochenillerot A gut wasserlöslich und erfüllt somit die genannte Grundvoraussetzung.

2.1 Es gibt zwei mögliche Diazo-Komponenten

I und II

und damit zwei mögliche Kupplungskomponenten

III und IV

⇒ d. h. es gibt zwei Möglichkeiten des elektrophilen Angriffs, entweder von I an IV oder von II an III.

Möglichkeit 1: II an III
– Anilin dirigiert in *ortho/para*-Stellung ⇒ aus sterischen Gründen wahrscheinlich eher in *para*-Stellung

Hinweis: Eine Begründung über die Elektronendichten am Anilin und die Stabilität möglicher σ-Komplexe ist denkbar.

– ⇒ Bildung des folgenden Farbstoffs (Bismarckbraun entsteht nicht)

Möglichkeit 2: I an IV
– Bei Kupplung an …

58

– Begründung über Elektronendichten und Stabilität von σ-Komplexen in *ortho*- bzw. *para*-Stellung zu den beiden Erstsubstituenten (mehr gleichwertige mesomere Grenzstrukturen möglich)
– … entsteht hingegen Bismarckbraun

2.2 Herstellung von

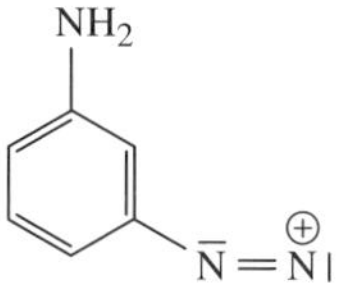

Zuerst wird die Ausgangsverbindung mittels elektrophiler aromatischer Substitution hergestellt:

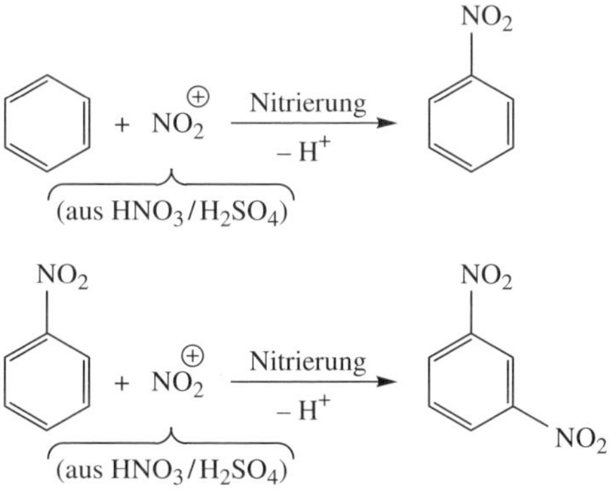

Bei der Zweitsubstitution entsteht vorwiegend das *meta*-substituierte Produkt, da die erste NO_2-Gruppe mit ihrem –I- und –M-Effekt *meta*-dirigierend wirkt. Die Formulierung der möglichen mesomeren Grenzstrukturen für die σ-Komplexe macht dies deutlich. Nur bei der *meta*-Substitution befindet sich die positive Ladung in keiner der Grenzstrukturen in direkter Nachbarschaft zur elektronenziehenden NO_2-Gruppe.

ortho-/para-Substitution:

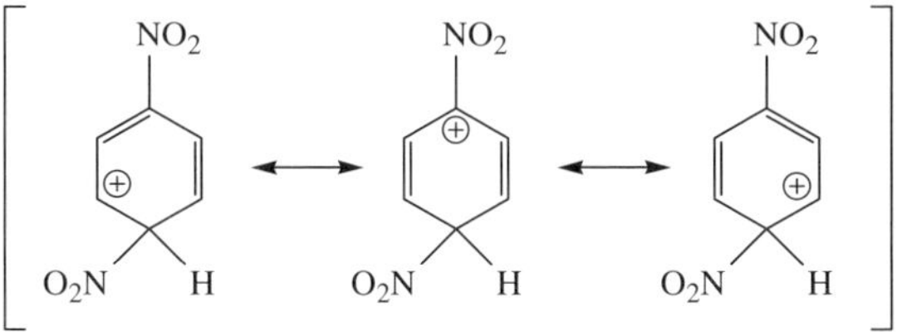

meta-Substitution:

Nach der Rearomatisierung durch die Abspaltung von H⁺ wird die Dinitrover-
bindung zur Diaminoverbindung reduziert:

Dann erfolgt die Diazotierung. Herstellung des Nitrosyl-Ions:

2.3 Die Azokupplung ist ebenfalls eine elektrophile aromatische Substitution:

$H_2\overline{N}$ ... $-\overline{N}=\overset{\oplus}{\overline{N}}|$ + [$H_2\overline{N}$ ... $-\overline{N}H_2$ ⟷ $H_2\overline{N}$ ... $\overset{\oplus}{=}NH_2$ (⊖)

$H_2\overline{N}$ ... $|$(⊖) $\overset{\oplus}{=}NH_2$]

→ $H_2\overline{N}$ ... $-\overline{N}=\overline{N}-$ ... $\overset{H}{}$ ... $\overset{\oplus}{=}NH_2$ $\xrightarrow{-H^+}$

$H_2\overline{N}$ ... $-\overline{N}=\overline{N}-$ ... $-\overline{N}H_2$

3 Das Milieu sollte sich im neutralen bis schwach sauren Bereich bewegen, da es im sauren und basischen Bereich zu folgenden Nebenreaktionen kommen kann, die eine Kupplung verhindern.
- stark saurer Bereich: Protonierung der Aminogruppen der Kupplungskomponente ⇒ elektronenziehender (desaktivierender) Effekt ⇒ elektrophiler Angriff nicht mehr möglich
- stark basischer Bereich: Blockierung des Diazonium-Ions oder sogar Entstehung eines Diazotat-Anions:

$$R-\overline{N}=\overset{\oplus}{\overline{N}}| + OH^- \longrightarrow R-\overline{N}=\overline{N}-OH + OH^- \xrightarrow{-H_2O} R-\overline{N}=\overline{N}-\overline{\underline{O}}|^{\ominus}$$

⇒ kein elektrophiler Angriff mehr möglich

4 Anhand geeigneter mesomerer Grenzstrukturen kann gezeigt werden, dass bei der Protonierung die entstandene positive Ladung delokalisiert ist, in der unprotonierten Form hingegen mesomere Grenzstrukturen nur unter Ladungstrennung zu zeichnen sind. Somit ist das π-Elektronensystem bei pH = 3 stärker delokalisiert als in der nicht protonierten Form bei pH = 8, z. B.

Dadurch bedingt ist der Farbumschlag im Sauren. Wird nämlich das π-Elektronensystem stärker delokalisiert, ist die Energiedifferenz zwischen HOMO und LUMO kleiner und es kann Licht einer geringeren Energie (größeren Wellenlänge) absorbiert werden. Bei pH = 3 wird somit nun Licht der Wellenlänge um 589 nm absorbiert und man sieht die Komplementärfarbe blau statt zuvor orange-rot.

Punkteschlüssel							
Punkte	15	14	13	12	11	10	9	8
BE	ab 29 bis 30	ab 27,5 bis 28,5	ab 26 bis 27	ab 24,5 bis 25,5	ab 23 bis 24	ab 21,5 bis 22,5	ab 20 bis 21	ab 18,5 bis 19,5
Punkte	7	6	5	4	3	2	1	0
BE	ab 17 bis 18	ab 15,5 bis 16,5	ab 14 bis 15	ab 12,5 bis 13,5	ab 10 bis 12	ab 8 bis 9,5	ab 6 bis 7,5	< 6

Klausuren Chemie
Klausur 9: Kunststoffe (Bearbeitungszeit: 90 min)

BE

Sportbekleidung

Kunststoffe haben auch im Bereich der Sportbekleidung und -schuhe vielfach natürliche Materialien abgelöst. Zum Einsatz kommen beispielsweise für Schuhe Kunstleder und „Mesh"-Gewebe, die aus Nylon oder Polyethylenterephthalat (PET) bestehen und häufig noch mit anderen Kunststoffen, wie Polyurethanen (PU) oder Polyvinylchlorid (PVC, Monomer Chlorethen) beschichtet sind. Sohlen bestehen oft aus dem Blockcopolymer Polyethylen-Vinylacetat (PEVA, siehe Abbildung 1). Für Laufsohlen werden zunehmend thermoplastische Polyurethan-Elastomere (TPU) eingesetzt.

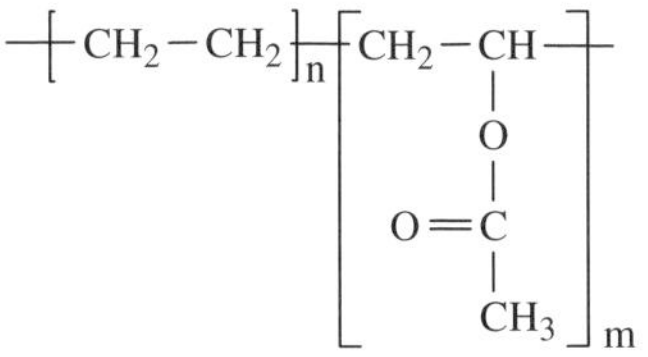

CH2 – CH2
n
CH2 – CH
O
O = C
CH3
m

Abb. 1: Strukturformelausschnitt PEVA

1 Polyamide und Polyester sind alternierende Copolymere. Im Gegensatz dazu können bei der Synthese von Polyethylen-Vinylacetat Blockcopolymere oder statistische Copolymere entstehen.

1.1 Erläutern Sie die Begriffe „Copolymer", „alternierendes Copolymer", „statistisches Copolymer" und „Blockcopolymer". 4

1.2 Zeichnen Sie Strukturformelausschnitte für PET und Nylon 6,6 und kennzeichnen Sie jeweils die für die Stoffklasse namensgebende Gruppe. Benennen Sie die Monomere und den Reaktionstyp für die Polymerbildung. 5

1.3 Das Mesh-Material kann aus Nylon oder Polyethylenterephthalat bestehen und im Experiment durch „trockene Destillation" unterschieden werden. Dazu wird jeweils eine Probe in einem Reagenzglas stark erhitzt und ein mit Wasser angefeuchtetes Universalindikatorpapier in die Reagenzglasöffnung gehalten.
Nennen Sie mögliche Zersetzungsprodukte für die verschiedenen Materialien und geben Sie die entsprechende Farbänderung des Indikators an. 2

2 Das Blockcopolymer PEVA wird aus zwei Monomeren synthetisiert.

2.1 Zeichnen und benennen Sie die Strukturformeln der Monomere mit systematischen Namen. Nennen Sie den Reaktionstyp für die Bildung von PEVA. 4

2.2 Vinylacetat kann technisch durch eine Reaktion von Ethen mit Essigsäure und Luftsauerstoff unter Verwendung eines Katalysators hergestellt werden. Dabei fällt Wasser an.
Geben Sie eine Reaktionsgleichung für die Synthese an. Zeigen Sie mithilfe von Oxidationszahlen, dass es sich um eine Redoxreaktion handelt. 3

3 Gewöhnlich werden Kunststoffe in Elastomere, Duroplaste und Thermoplaste eingeteilt. Einige Polyurethane, die TPU, zeigen jedoch sowohl thermoplastische wie auch elastomere Eigenschaften. Die TPU sind aus linearen Ketten aufgebaut, die sich in den Abschnitten mit der Urethan-Bindung durch starke zwischenmolekulare Kräfte zu kristallartigen Bereichen zusammenlagern können (Hartsegmente). Die Abschnitte dazwischen bestehen aus langen Polyetherketten, die sich aufknäulen können (Weichsegmente); siehe Abbildung 2.

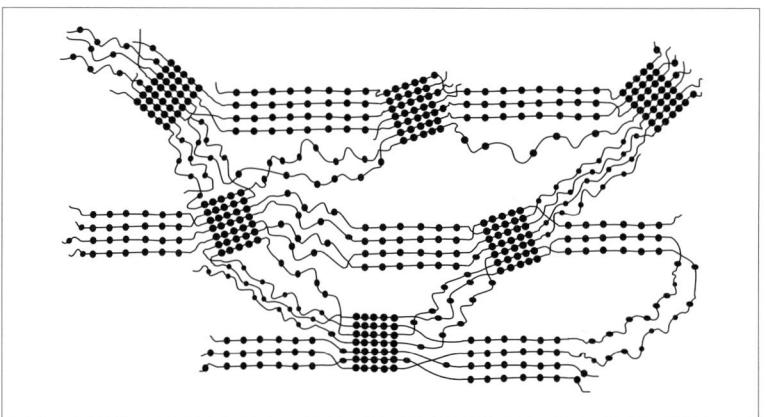

Abb. 2: Skizze zum molekularen Aufbau von TPU

3.1 Erläutern Sie die Begriffe „Thermoplast", „Elastomer" und „Duroplast" und geben Sie an, worin sich Kunststoffe dieser drei Kategorien in ihrer Struktur unterscheiden. 3

3.2 Geben Sie mithilfe einfacher Strukturformeln eine Reaktionsgleichung für die Bildung eines Polyurethans aus einer Diol-Komponente und einer Diisocyanat-Komponente an. Um welchen Reaktionstyp handelt es sich? 3

3.3 Kennzeichnen Sie in der Abbildung 2 die Hart- und Weichsegmente und geben Sie eine Erklärung dafür, warum TPU sowohl elastomere wie auch thermoplastische Eigenschaften haben. 3

3.4 Die zwischenmolekularen Kräfte in den Hartsegmenten von TPU und damit auch deren thermoplastische Eigenschaften können durch den Einbau von Diamin-Komponenten (z. B. 1,2-Diaminoethan) verstärkt werden. Diese Diamine reagieren analog zu den Diolen mit den Diisocyanat-Komponenten.
Zeichnen Sie einen Ausschnitt aus der Struktur, die bei der Reaktion einer Amino-Gruppe mit einer Isocyanat-Gruppe entsteht, und vergleichen Sie diese mit der Urethan-Bindung. Warum können die zwischenmolekularen Kräfte in den Hartsegmenten so verstärkt werden? <u>3</u>
30

Lösung

Inhalte: Polymere, Polyester, Polyamide, Polyurethane

1.1 Ein Polymer kann aus zwei oder mehreren Bausteinen hergestellt werden. Man spricht dann von „**Copolymeren**".
In einem **alternierenden Copolymer** werden dabei zwei Bausteine abwechselnd in die sich bildende Kette eingebaut (Abfolge ABABAB ...), während die Abfolge in einem **statistischen Copolymer** rein zufällig ist (z. B. AABABABBA ...). Bei einem **Blockcopolymer** werden mehrere gleiche Bausteine zu Einheiten – also Blöcken – zusammengefügt (z. B. (AAAA)(BBBB)) oder sie entstehen zufällig.

1.2 PET, Polyester:

65

Nylon 6,6; Polyamid:

$$\left[\begin{array}{c} \underset{\mid}{\overset{\mid}{H}} \; \underset{\mid}{\overset{\mid}{H}} \; \underset{\mid}{\overset{\mid}{H}} \; \underset{\mid}{\overset{\mid}{H}} \; \underset{\mid}{\overset{\mid}{H}} \end{array} \right]_n$$

–N—C—C—C—C—C—C–N—C–C—C—C—C—C–

Die Monomere von PET sind Terephthalsäure (1,4-Benzoldicarbonsäure) und Ethylenglycol (1,2-Ethandiol). Nylon 6,6 wird aus Adipinsäure (1,6-Hexandisäure) und Hexamethylendiamin (1,6-Diaminohexan) gebildet. In beiden Fällen handelt es sich um eine Polykondensation.

1.3 „Trockene Destillation":
Bei der Zersetzung eines Polyesters entsteht Kohlenstoffdioxid, das in wässriger Lösung sauer reagiert. Zersetzt sich ein Polyamid, so wird unter anderem Ammoniak gebildet, das mit Wasser basisch reagiert. Ein angefeuchtetes Universalindikatorpapier verfärbt sich somit im ersten Fall rot, im zweiten Fall blau.

2.1 Das Blockcopolymer PEVA wird aus zwei Monomeren synthetisiert.
Monomere von PEVA:

Vinylacetat (= Ethansäurevinylester)   Ethen

PEVA kann durch eine radikalische Polymerisation gebildet werden.

2.2 Reaktionsgleichung für die Bildung von Vinylacetat:

$$\overset{-II}{H_2C} = CH_2 + CH_3COOH + \tfrac{1}{2}\,\overset{0}{O_2} \longrightarrow \overset{0}{H_2C} = CH - O - CO - CH_3 + \overset{-II}{H_2O}$$

Es handelt sich um eine Redoxreaktion.

3.1 **Thermoplastische Kunststoffe** lassen sich beim Erwärmen verformen, da die zwischenmolekularen Kräfte vergleichsweise gering sind und die Polymerketten sich dadurch leicht gegeneinander verschieben können. Nach dem Abkühlen behalten sie ihre neu gewonnene Form bei. Thermoplaste enthalten neben kristallinen auch amorphe Bereiche.

Elastomere verformen sich unter Zug oder Druck, kehren aber nach dem Wegfallen der verformenden Kräfte wieder in ihren Ausgangszustand zurück (Gummielastizität). Die molekulare Ursache ist eine Streckung bzw. Stauchung der Polymerketten, wobei eine Rückstellkraft entsteht. In den elastomeren Kunststoffen sind die Ketten untereinander nur wenig verknüpft.

In **duroplastischen Kunststoffen** sind die zwischen den Polymerketten wirkenden Kräfte so groß, dass sie sich beim Erhitzen zersetzen. Duroplaste sind meist aus kovalent verbundenen Polymerketten aufgebaut, die engmaschige Netzwerke bilden.

3.2

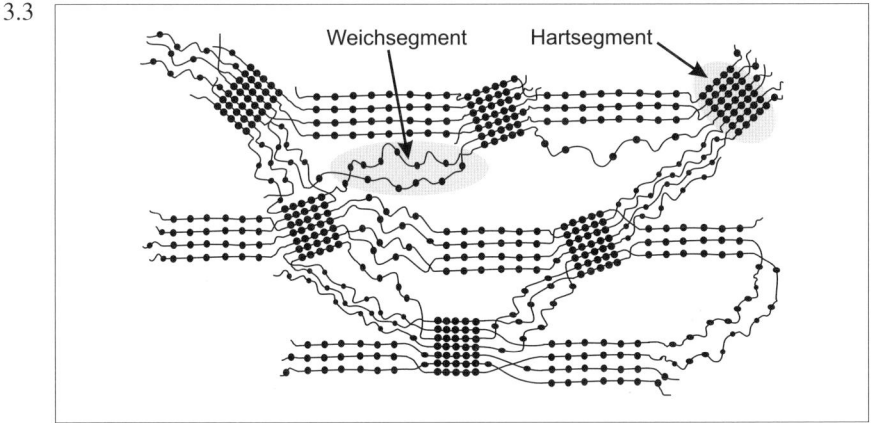

Es handelt sich um eine Polyaddition.

3.3

Weichsegment   Hartsegment

Im TPU sorgen die Weichsegmente für die elastomeren Eigenschaften, während die Ketten in den höher geordneten Hartsegmenten beim Erwärmen verschiebbar sind und sich das Material so thermoplastisch verformen lässt.

3.4

$$R_1 - \underset{\underset{H}{|}}{N} - \overset{\overset{O}{\parallel}}{C} - \underset{\underset{H}{|}}{N} - R_2 - N = C = O$$

Durch die Reaktion einer Isocyanat-Gruppe mit einer Amino-Gruppe entsteht eine Bindung, die potentiell eine Wasserstoffbrückenbindung mehr mit einem geeigneten Wechselwirkungspartner bilden kann. Dadurch werden die zwischenmolekularen Wechselwirkungen verstärkt.

Punkteschlüssel							
Punkte	15	14	13	12	11	10	9	8
BE	ab 28,5 bis 30	ab 27 bis 28	ab 25,5 bis 26,5	ab 24 bis 25	ab 22,5 bis 23,5	ab 21 bis 22	ab 19,5 bis 20,5	ab 18 bis 19
Punkte	7	6	5	4	3	2	1	0
BE	ab 16,5 bis 17,5	ab 15 bis 16	ab 13,5 bis 14,5	ab 11,5 bis 13	ab 9,5 bis 11	ab 7,5 bis 9	ab 5,5 bis 7	< 5,5

BE

Verpackungsmaterialien
Lebensmittelverpackungen bestehen größtenteils aus Kunststoffen. Beispiele
dafür sind Joghurt-Becher, die aus Polystyrol (PS) oder Polymilchsäure (PLA =
Polylactic Acid) bestehen können.

1 Polystyrol

1.1 Zeichnen Sie das Monomere von Polystyrol, sowie einen Strukturformelausschnitt für das Polymer.   3

1.2 Erläutern Sie die Begriffe „ataktisch", „isotaktisch" und „syndiotaktisch"
am Beispiel des Polystyrols. Fertigen Sie dazu eine Schemazeichnung an.
Ataktisches Polystyrol hat im Gegensatz zu den beiden anderen Formen
keinen klar definierten Schmelzpunkt. Geben Sie dafür eine Erklärung.   5

1.3 Polystyrol-Abfälle können rohstofflich oder energetisch verwertet werden.
Erläutern Sie die beiden Verwertungsmöglichkeiten und nennen Sie eine
weitere Möglichkeit zum Kunststoffrecycling.   3

2 Kunststoffe aus Milchsäure
PLA wird auf der Basis von Milchsäure (2-Hydroxypropansäure) synthetisiert. Je nach Isomeren-Zusammensetzung haben die Kunststoffe dabei
verschiedene Eigenschaften.

2.1 Zeichnen Sie die beiden optischen Isomere der Milchsäure in der FISCHER-
Projektion und benennen Sie diese.   3

2.2 Geben Sie einen möglichen Formelausschnitt für PLA an und nennen Sie
den Bindungstyp.   2

2.3 Milchsäure kann durch katalytische Dehydratisierung zu Acrylsäure (Pro-
pensäure) umgesetzt werden, die ihrerseits als Monomer für Kunststoffe
benutzt werden kann.
Formulieren Sie eine Reaktionsgleichung für die Dehydratisierung von
Milchsäure und geben Sie an, wie man die im Produkt vorhandene Doppelbindung mit einem einfachen Experiment nachweisen kann.   2

2.4 Aus Acrylsäure kann Polyacrylsäure (PAA = Polyacrylic Acid) gewonnen
werden, die beispielsweise als Gelbildner für Arzneimittel verwendet wird.
Geben Sie ein Verfahren zur Herstellung von PAA mit Reaktionsgleichungen für die einzelnen Teilschritte an.   4

3 Die Milchsäure wird hauptsächlich durch Milchsäuregärung von Glucose mithilfe von Milchsäurebakterien gewonnen, wobei die Glucose aus Zucker oder Stärke (Zuckerrübe, Mais, Weizen) hergestellt wird. In dem aufwendigen Verfahren wird die Milchsäure in einem Zwischenschritt (I) mit Calciumcarbonat in lösliches Calcium-Lactat überführt, um sie aus dem Reaktionsgemisch abtrennen zu können. Aus dem Calcium-Lactat wird dann durch Umsetzung mit Schwefelsäure wieder Milchsäure gewonnen (II).

Formulieren Sie Reaktionsgleichungen für (I) und (II). Um welchen Reaktionstyp handelt es sich bei den beiden Reaktionen? 3

4 Styrol kann durch katalytische Dehydrierung von Ethylbenzol hergestellt werden. Das Ethylbenzol gewinnt man dabei aus Benzol und Ethen, also letztlich auf der Basis von Erdölprodukten.

In Tabelle 1 und 2 sind einige Zahlen und Vergleiche zur Umweltbelastung durch die Herstellung und Verwendung von PLA und PS aufgelistet.

Vergleichen Sie PLA und PS im Hinblick auf ihre Umweltverträglichkeit. Nehmen Sie Stellung zu der Behauptung „Kunststoffe aus nachwachsenden Rohstoffen sind besser für die Umwelt als herkömmliche Kunststoffe".

Kunststoff	Rohstoff-basis	Treibhauspotenzial $[kg\ CO_2 \cdot kg^{-1}$ Kunststoff]	Fossiler Ressourcenverbrauch $[MJ \cdot kg^{-1}$ Kunststoff]
PLA	Zuckerrübe	$\approx 1{,}5$	≈ 60
PLA	Weizenkorn	$\approx 1{,}5$	≈ 50
PLA	Mais	$\approx 1{,}7$	≈ 50
PS	Erdöl	$\approx 4{,}5$	87

Tab. 1

Kategorie	PLA aus Zuckerrüben	PLA aus Stärke	PLA aus Weizenstroh
Klimawandel	geringer	geringer	geringer
Fossiler Ressourcenverbrauch	geringer	geringer	geringer
Sommersmog (z. B. durch Fahrzeuge für Transport, Ernte)	geringer	geringer	geringer
Feinstaub	höher/gleich	höher/gleich	höher/gleich
Bodenbelastung (z. B. durch Überdüngung)	höher	höher	höher
Wasserbelastung (z. B. durch Überdüngung)	höher	höher	höher
Naturraumbedarf	höher	höher	höher

Tab. 2: Vergleich von gleichen Massen PS und PLA aus verschiedenen Quellen im Hinblick auf verschiedene Umweltwirkungen („geringer"/„höher" bezieht sich immer auf PS)

30

Lösung

Inhalte: Polyester, Polyamide, Polymilchsäure, Polystyrol, Nachwachsende Rohstoffe

1.1

71

1.2

ataktisch   isotaktisch   syndiotaktisch

Die Eigenschaften von Polymeren werden wesentlich von der Art und Anordnung der Seitengruppen mitbestimmt.

Bei **ataktischen** Kunststoffen sind die Seitengruppen – beim Polystyrol der Benzol-Ring – zufällig orientiert, bei **isotaktischen** Kunststoffen liegen sie alle auf einer Seite und bei **syndiotaktischen** Kunststoffen alterniert die Ausrichtung entlang der Polymer-Hauptkette.

Im Falle des iso- und syndiotaktischen Polystyrols ist eine hohe Packungsdichte der Ketten in kristallinen Bereichen möglich, dadurch zeigen diese Stoffe definierte Schmelztemperaturen. Ataktisches Poylstyrol hat dagegen einen Schmelzbereich, da die Ketten vergleichsweise leicht gegeneinander zu verschieben sind. Das führt zu einer Materialerweichung beim Erhitzen, bevor der gesamte Stoff in die Schmelze übergeht.

1.3   Bei der energetischen Kunststoffverwertung wird die hohe Verbrennungswärme zum Betrieb von Kraftwerken genutzt. Beim Verbrennen von Polystyrol-Abfällen können giftige Stoffe entstehen.

Da die Monomere zur Kunststoffherstellung häufig in aufwendigen Synthese-Verfahren hergestellt werden müssen, kann es günstig sein, diese aus den Abfällen zurückzugewinnen. Polystyrol kann rohstofflich durch Pyrolyse verwertet werden, wobei Styrol anfällt. Es ist auch möglich, Polystyrolabfälle in organischen Lösungsmitteln zu lösen und aus der Lösung wieder zu verarbeiten.

Bei der werkstofflichen Kunststoffverwertung wird das Material gereinigt, zerkleinert und dann erneut als Werkstoff benutzt. Beispiel: PET aus Getränkeflaschen wird zu Faserstoffen verarbeitet.

2.1

$$\begin{array}{c} \text{COOH} \\ | \\ \text{H} \!-\!\!\!\!-\!\!\!\!-\! \text{OH} \\ | \\ \text{CH}_3 \end{array} \qquad \begin{array}{c} \text{COOH} \\ | \\ \text{HO} \!-\!\!\!\!-\!\!\!\!-\! \text{H} \\ | \\ \text{CH}_3 \end{array}$$

D-Milchsäure   L-Milchsäure

2.2

$$-\overset{\overset{\displaystyle O}{\|}}{C}-\overset{\overset{\displaystyle H}{|}}{\underset{\underset{\displaystyle CH_3}{|}}{C}}-O-\overset{\overset{\displaystyle O}{\|}}{C}-\overset{\overset{\displaystyle H}{|}}{\underset{\underset{\displaystyle CH_3}{|}}{C}}-O-\overset{\overset{\displaystyle O}{\|}}{C}-\overset{\overset{\displaystyle H}{|}}{\underset{\underset{\displaystyle CH_3}{|}}{C}}-O-$$

Es handelt sich um einen Polyester.

2.3

$$\begin{array}{c} \text{COOH} \\ | \\ \text{H}-\text{C}-\text{OH} \\ | \\ \text{CH}_3 \end{array} \xrightarrow[\text{}]{\text{Katalysator}} \begin{array}{c} \text{H}\diagdown\quad\diagup\text{COOH} \\ \text{C} \\ \| \\ \text{C} \\ \diagup\quad\diagdown \\ \text{H}\qquad\text{H} \end{array} + \text{H}_2\text{O}$$

Eine Probe des Produkts wird mit gelb-orangem Bromwasser geschüttelt. Das Brom addiert sich an die Doppelbindung und die wässrige Phase wird farblos.

2.4 Polyacrylsäure kann durch radikalische Polymerisation hergestellt werden.

Radikalbildung: Bildung eines Starterradikals, z. B. aus Dibenzoylperoxid

Kettenstart:

Kettenwachstum:

$$\text{C}_6\text{H}_5-\overset{\overset{\displaystyle O}{\|}}{\text{C}}-\text{O}-\overset{\overset{\displaystyle H}{|}}{\underset{\underset{\displaystyle H}{|}}{\text{C}}}-\overset{\overset{\displaystyle H}{|}}{\underset{\underset{\displaystyle COOH}{|}}{\text{C}}}\cdot \;+\; n\;\; \overset{H}{\underset{H}{\text{C}}}=\overset{H}{\underset{COOH}{\text{C}}} \longrightarrow$$

$$\text{C}_6\text{H}_5-\overset{\overset{\displaystyle O}{\|}}{\text{C}}-\text{O}-\overset{\overset{\displaystyle H}{|}}{\underset{\underset{\displaystyle H}{|}}{\text{C}}}-\overset{\overset{\displaystyle H}{|}}{\underset{\underset{\displaystyle COOH}{|}}{\text{C}}}\left[\overset{\overset{\displaystyle H}{|}}{\underset{\underset{\displaystyle H}{|}}{\text{C}}}-\overset{\overset{\displaystyle H}{|}}{\underset{\underset{\displaystyle COOH}{|}}{\text{C}}}\right]_{n-1}\overset{\overset{\displaystyle H}{|}}{\underset{\underset{\displaystyle H}{|}}{\text{C}}}-\overset{\overset{\displaystyle H}{|}}{\underset{\underset{\displaystyle COOH}{|}}{\text{C}}}\cdot$$

Mögliche Abbruchreaktionen:

Kettenvereinigung

Disproportionierung

74

3   (I) $CaCO_3 + 2\ CH_3CHOHCOOH_{(aq)} \longrightarrow Ca^{2+} + 2\ CH_3CHOHCOO^-{}_{(aq)} + H_2O + CO_2$

        (II) $Ca(CH_3CHOHCOO)_2{}_{(aq)} + H_2SO_4{}_{(aq)} \longrightarrow 2\ CH_3CHOHCOOH_{(aq)} + CaSO_4{}_{(s)}$

        Beide Reaktionen sind Säure-Base-Reaktionen.

4   Aus Tabelle 1 geht hervor, dass sowohl die Energiebilanz als auch das Treibhauspotenzial, also der Kohlenstoffdioxid-Ausstoß bei der Herstellung, günstiger für das PLA im Vergleich zum PS ausfallen.
Nachteilig bei der Rohstoffproduktion für PLA (Zucker oder Stärke) sind jedoch die hohe Wasser- und Bodenbelastung sowie der große Naturraumverbrauch. Wollte man PS weitgehend durch PLA ersetzen, so müssten riesige Flächen für den Anbau von Mais, Zuckerrüben oder Weizen genutzt werden. Das erscheint nicht unbedingt wünschenswert, zumal die genannten Pflanzen auch als Grundnahrungsmittel genutzt werden können.
„Nachwachsende Rohstoffe" wurden im Zuge der Debatte um den Klimawandel durch Treibhausgase als mögliche Alternative zur Petrochemie dargestellt. Unproblematisch ist ihre Nutzung jedoch durchaus nicht, deshalb ist keine pauschale Aussage, wie sie in der Aufgabe genannt wurde, möglich.

Punkteschlüssel							
Punkte	15	14	13	12	11	10	9	8
BE	ab 28,5 bis 30	ab 27 bis 28	ab 25,5 bis 26,5	ab 24 bis 25	ab 22,5 bis 23,5	ab 21 bis 22	ab 19,5 bis 20,5	ab 18 bis 19
Punkte	7	6	5	4	3	2	1	0
BE	ab 16,5 bis 17,5	ab 15 bis 16	ab 13,5 bis 14,5	ab 11,5 bis 13	ab 9,5 bis 11	ab 7,5 bis 9	ab 5,5 bis 7	< 5,5

BE

Die Verdauung von Stärke im menschlichen Körper erfolgt im Mund und im Darm. Die Stärke wird dabei durch die Speichelamylase zunächst teilweise abgebaut. Dabei fallen verschiedene Oligosaccharide und Maltose an. Im Darm werden die Oligosaccharid-Ketten durch weitere Amylasen verkürzt und schließlich durch die Enyzme Maltase, Isomaltase, und Glucoamylase vollständig in D-Glucose-Bausteine zerlegt. Die Enzyme haben folgende Substratspezifität:

(M)   Maltase spaltet $\alpha(1{\to}4)$-glycosidische Bindungen in Maltose.

(I)   Isomaltase spaltet $\alpha(1{\to}6)$-glycosidische Bindungen.

(GA) Glucoamylase spaltet eine Glucose-Einheit vom nicht-reduzierenden Ende von $\alpha(1{\to}4)$-glycosidisch verknüpften Glucose-Oligomeren ab.

1   In Nahrungsmitteln vorkommende Stärke kann neben der Amylose auch Amylopektin enthalten. Bei der Verdauung von Amylopektin kann ein Hexasaccharid mit der Struktur
Glc $\alpha(1{\to}4)$ – Glc $\alpha(1{\to}4)$ – Glc $\alpha(1{\to}6)$ –
Glc $\alpha(1{\to}4)$ – Glc $\alpha(1{\to}4)$ – Glc $\alpha(1{\to}4)$
entstehen.

1.1 Zeichnen Sie einen Strukturformelausschnitt, der mindestens drei Glucose-Einheiten und die $\alpha(1{\to}6)$-Bindung enthält.   3

1.2 Skizzieren Sie einen möglichen Weg für den vollständigen Abbau des Hexasaccharids mit den oben genannten Enzymen M, I, GA.   4

1.3 Der Abbau von Amylose durch Amylase kann gezeigt werden, indem man das Enzym zu einer Amylose-Lösung gibt und dem Ansatz sofort und dann in gleichen zeitlichen Abständen Proben entnimmt, die man jeweils in vorbereitete LUGOL'sche Lösung pipettiert. Die LUGOL'sche Lösung stoppt die Enzymreaktion.
Erklären Sie dieses Experiment und geben Sie an, welches Ergebnis bei optimaler Durchführung zu erwarten ist.   3

1.4 Maltose wirkt in FEHLING'scher Lösung reduzierend. Formulieren Sie eine Reaktionsgleichung für die FEHLING-Reaktion (Maltose kann mit R-CHO abgekürzt werden) mit Teilgleichungen für den Reduktions- bzw. Oxidationsschritt.
Woran erkennt man eine positive FEHLING-Reaktion?   4

1.5 Enzyme werden auch als „Biokatalysatoren" bezeichnet. Was versteht man in der Chemie unter einem Katalysator?   2

2   Pflanzen können sich vor Insektenfraß unter anderem dadurch schützen, dass sie Hemmstoffe gegen die Verdauungsenzyme der Insekten produzieren. Ein Beispiel dafür ist der Amylase-Inhibitor des Trauerfuchsschwanzes (eine Zierpflanze). Es handelt sich dabei um ein kurzkettiges, eiförmiges Peptid mit der Aminosäure-Sequenz

CIPKWNRCGPKMDGVPCCEPYTCTSDYYGNCS

im Ein-Buchstaben-Code.

Die Abbildung zeigt die Seitenketten der Aminosäuren (Atome als raumfüllende Kugeln). Die Seitenketten der in der Sequenz grau unterlegten Aminosäuren sind hier dunkelgrau dargestellt.

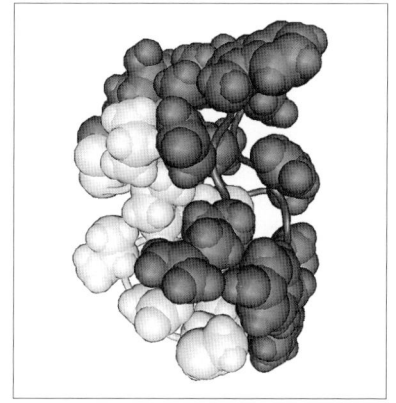

Die Tabelle gibt die Bedeutung der Abkürzungen für einige der Aminosäuren sowie deren Reste und Eigenschaften an.

Aminosäure	Abkürzung	Rest	Eigenschaft des Rests
Cystein	C	$-CH_2-SH$	schwach polar
Valin	V	$-CH(CH_3)_2$	unpolar
Isoleucin	I	$-(CHCH_3)-CH_2-CH_3$	unpolar
Threonin	T	$-(CH-OH)-CH_3$	polar
Serin	S	$-CH_2-OH$	polar
Asparagin-säure	D	$-CH_2-COOH$ (bzw. $-CH_2-COO^-$)	polar (geladen)
Asparagin	N	$-CH_2-CO-NH_2$	polar
Tyrosin	Y	$-CH_2-\bigcirc-OH$	polar

2.1 Zeichnen Sie den Sequenzabschnitt −SDY− mit vollständigen Strukturformeln.

3

77

2.2 Der Amylase-Inhibitor hat wegen der Verteilung der Seitenketten an der Moleküloberfläche eine hydrophobe und eine polare Hälfte. Identifizieren Sie diese in der Abbildung und geben Sie eine Begründung dafür.   2

2.3 Das Amylase-Inhibitor-Peptid wird durch drei Disulfid-Brücken zwischen Cystein 1 und 4, 3 und 5 sowie 2 und 6 stabilisiert. Zeichnen Sie die Lage der Brücken in die Sequenz ein.   1

2.4 Asparaginsäure liegt in Salzsäure überwiegend vollständig protoniert, in Natronlauge dagegen überwiegend vollständig deprotoniert vor. Zeichnen Sie die Strukturformeln für die beiden Fälle. Was versteht man unter dem „isoelektrischen Punkt" einer Aminosäure?   4

3 Concanavalin A ist ein kohlenhydratbindendes Protein aus der Jackbohne, das in großen Teilen aus regelmäßig angeordneten Sekundärstrukturelementen besteht. Die Abbildung zeigt einen Ausschnitt davon, wobei nur die C- und N-Atome der durchgängigen Kette und die Sauerstoffatome der Peptidbindung eingezeichnet sind.

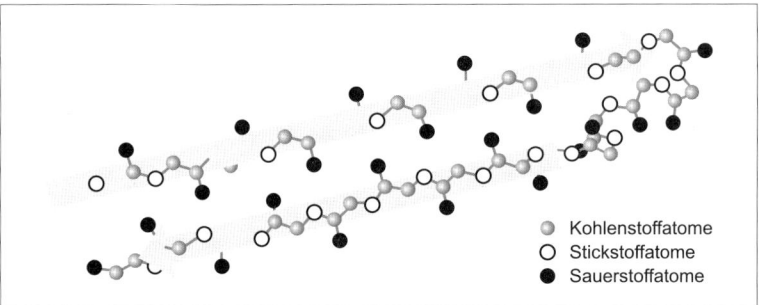

○ Kohlenstoffatome
○ Stickstoffatome
● Sauerstoffatome

Geben Sie an, um welches Sekundärstrukturelement es sich handelt.
Ergänzen Sie die Abbildung so, dass erkennbar wird, welche zwischenmolekularen Wechselwirkungen das Sekundärstrukturelement stabilisieren und benennen Sie diese.
Nennen Sie ein weiteres Sekundärstrukturelement.   4
       30

Lösung

Inhalte: Stärkeverdauung, Aminosäuren, Proteine

1.1

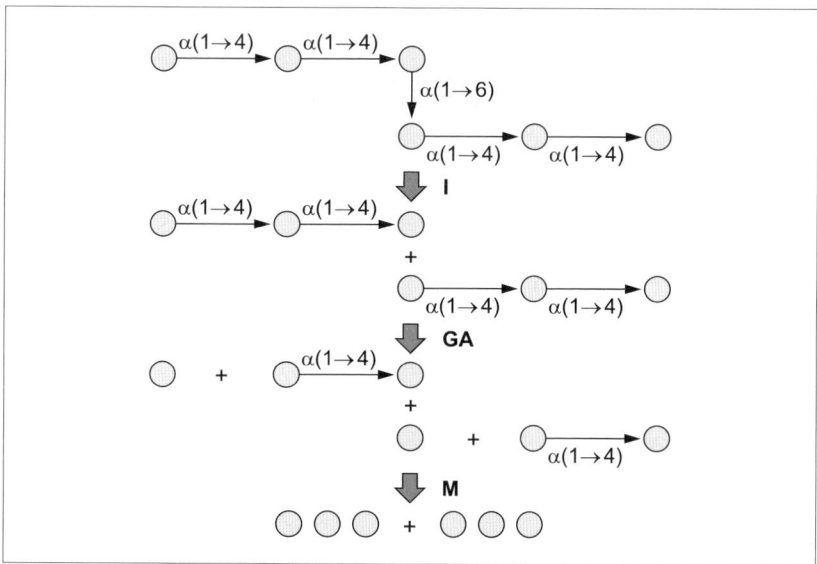

1.2   Abbauweg (andere Lösungen möglich):

1.3   In die langen, helical gewundenen Ketten der Amylose-Moleküle können sich I_3^- -Ionen einlagern. Die Einlagerungsverbindung zeigt in wässriger Lösung eine blaue Farbe. Werden nun die Ketten durch die Amylase-Wirkung verkürzt, so bilden sich zwar immer noch solche Einlagerungsverbindungen, doch diese zeigen einen zunehmend rötlichen Farbton. Wenn schließlich nur noch sehr kurze

Glucose-Oligomere vorhanden sind, dann kann sich kein Farbstoff mehr bilden und die Lösung hat die Eigenfarbe der LUGOL'schen Lösung (gelb).

Im Experiment legt man in einer Reihe von Reagenzgläsern LUGOL'sche Lösung vor und pipettiert von links nach rechts gemäß zunehmender Reaktionsdauer. In dieser Reihenfolge erwartet man also Lösungen welche blau, rotviolett, rötlich und gelb erscheinen.

1.4

Red.: $2\overset{+II}{Cu}{}^{2+} + 2e^- + 2OH^- \longrightarrow \overset{+I}{Cu_2}O_{(s)} + H_2O$

Ox.: $R-\overset{+I}{C}HO + 3OH^- \longrightarrow R-\overset{+III}{C}OO^- + 2e^- + 2H_2O$
      Aldehyd   Carbonsäure

Redox.: $R-CHO + 2Cu^{2+} + 5OH^- \longrightarrow R-COO^- + Cu_2O_{(s)} + 3H_2O$

Die FEHLING-Reaktion liefert im Idealfall einen roten Niederschlag von Cu_2O. Eine deutliche grüne oder orange Verfärbung des Ansatzes gilt auch als positiv.

1.5 Ein Katalysator ist ein Stoff, der die Geschwindigkeit einer Reaktion erhöht, ohne dabei den Gesamtenergieumsatz zu verändern. Der Katalysator geht unverändert aus der Reaktion hervor.

2.1 Sequenzabschnitt –SDY–:

2.2 Die grau unterlegten Aminosäuren gehören laut Tabelle fast alle zu den polaren Aminosäuren. Die in der Abbildung rechte Hälfte des Inhibitors ist also die polare Seite.

2.3

CIPKWNRCGPKMDGVPCCEPYTCTSDYYGNCS

2.4

$$\overset{\oplus}{H_3N} - CH - \overset{\overset{\displaystyle O}{\|}}{C} - OH$$
$$\quad\quad\;\; |$$
$$\quad\quad CH_2$$
$$\quad\quad\;\; |$$
$$\quad\quad C = O$$
$$\quad\quad\;\; |$$
$$\quad\quad OH$$

$$H_2N - CH - \overset{\overset{\displaystyle O}{\|}}{C} - O^{\ominus}$$
$$\quad\quad\;\; |$$
$$\quad\quad CH_2$$
$$\quad\quad\;\; |$$
$$\quad\quad C = O$$
$$\quad\quad\;\; |$$
$$\quad\quad O^{\ominus}$$

Asparaginsäure in Salzsäure   Asparaginsäure in Natronlauge

Der isoelektrische Punkt einer Aminosäure bezeichnet den pH-Wert, bei dem neben der Zwitterionen-Form der Aminosäure noch gleiche Mengen an Kationen und Anionen vorhanden sind.

3

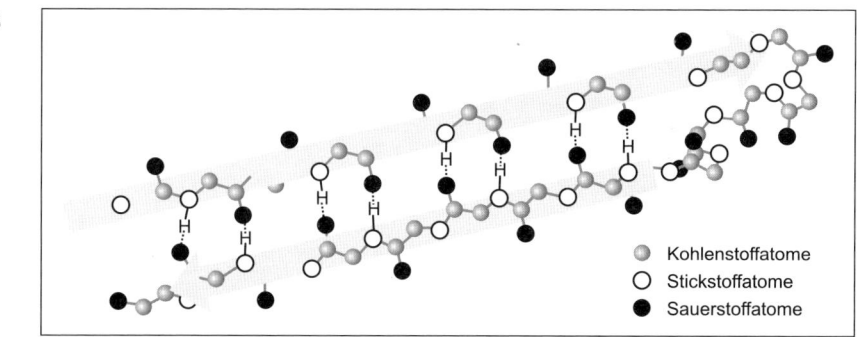

Kohlenstoffatome
Stickstoffatome
Sauerstoffatome

Es handelt sich um eine β-Faltblatt-Struktur, die durch Wasserstoffbrückenbindungen stabilisiert wird. Ein weiteres bekanntes Sekundärstrukturelement ist die α-Helix.

Punkteschlüssel							
Punkte	15	14	13	12	11	10	9	8
BE	ab 28,5 bis 30	ab 27 bis 28	ab 25,5 bis 26,5	ab 24 bis 25	ab 22,5 bis 23,5	ab 21 bis 22	ab 19,5 bis 20,5	ab 18 bis 19
Punkte	7	6	5	4	3	2	1	0
BE	ab 16,5 bis 17,5	ab 15 bis 16	ab 13,5 bis 14,5	ab 11,5 bis 13	ab 9,5 bis 11	ab 7,5 bis 9	ab 5,5 bis 7	< 5,5

BE

Naturstoffe aus marinen Organismen
In den letzten Jahrzehnten hat man entdeckt, dass marine Organismen eine reiche Quelle für Naturstoffe mit möglichen medizinischen und lebensmitteltechnologischen Anwendungen sind. Beispiele dafür sind Peptide aus Kegelschnecken und Agar-Agar aus Rotalgen.

1 *Conus imperialis* ist eine räuberische Kegelschneckenart, die im Pazifik vorkommt. Sie jagt Würmer und kann ihre Beute mit einem so genannten Conotoxin betäuben. Bei diesem Gift handelt es sich um ein kurzkettiges Peptid, das die Signalübertragung im Nervensystem blockiert.

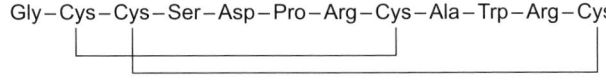

Conotoxin von *Conus imperialis*

Gly = Glycin, Cys = Cystein, Ser = Serin (= 2-Amino-3-hydroxypropansäure), Asp = Asparaginsäure (= 2-Amino-butandisäure), Ala = Alanin, Pro = Prolin, Arg = Arginin, Trp = Tryptophan (eine aromatische Aminosäure). Die Verbindungslinien geben die Lage der Disulfid-Brücken an.

Das N-terminale-Ende befindet sich beim Glycin, das C-terminale Ende beim vierten Cystein.

1.1 Glycin ist im Gegensatz zu den anderen proteinogenen Aminosäuren nicht optisch aktiv. Erklären Sie diesen Sachverhalt.
In welcher Form kommen die meisten Aminosäuren in der Natur vor?
Zeichnen Sie die Formeln für die Spiegelbild-Isomeren des Serins in der FISCHER-Projektion.   5

1.2 Zeichnen Sie den Strukturformelausschnitt −Cys−Ser−Asp− aus obigem Conotoxin.
Hinweis: Cystein enthält statt einer OH-Gruppe eine SH-Funktion, ist aber ansonsten gleich wie Serin aufgebaut.   3

1.3 Im Conotoxin sind die Cystein-Reste über Disulfid-Brücken (Schwefelbrücken) miteinander verbunden. Zeigen Sie anhand einer geeigneten Reaktionsgleichung, dass die Bildung der Disulfid-Brücken eine Redoxreaktion ist.   3

1.4 Beschreiben Sie kurz ein Verfahren, wie man die Aminosäure-Zusammensetzung des Conotoxins bestimmen kann.   4

2   Die Abbildungen geben zwei Darstellungen der dreidimensionalen Struktur des Conotoxins an. Das Rückgrat des Peptids ist dabei als wurmförmiges Band gezeichnet. In der unteren Abbildung sind die vier Cystein-Bausteine hervorgehoben.

2.1   Bestimmen und markieren Sie das N-terminale und das C-terminale Ende des Peptids in einer der Abbildungen.   2

2.2   Markieren Sie die Seitenkette des Serins und des Tryptophans, sowie die Schwefelatome der Disulfid-Brücken.   4

2.3   Geben Sie eine Definition der Begriffe Primärstruktur und Tertiärstruktur und erläutern Sie am Beispiel des Conotoxins.   3

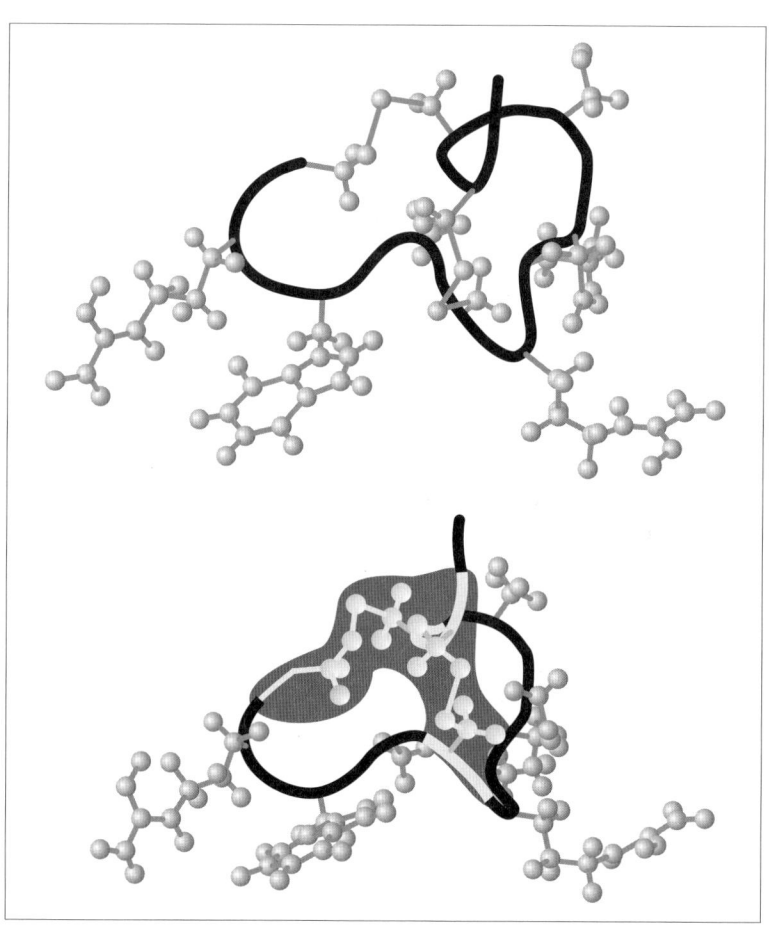

3   Rotalgen enthalten in ihren Zellwänden verschiedene Galactane. Mischungen davon sind als „Agar-Agar" bekannt, der in der Mikrobiologie für Kulturmedien und als Verdicker für Lebensmittel eingesetzt wird. Die Rotalgen-Galactane können anhand ihrer Wiederholungseinheiten charakterisiert werden. Ein Galactan-Typ besteht aus einer Kette von D-Galactose-Molekülen, die noch modifiziert sein können.

D-Galactose unterscheidet sich von D-Glucose durch die Stellung der OH-Gruppe am C-Atom 4.

3.1   Zeichnen Sie die Strukturformel für D-Galactose in FISCHER- und in HAWORTH-Projektion.   2

3.2   Die Wiederholungseinheit (AB) eines Galactans besteht aus einem β-D-Galactose-Molekül (A), das $(1 \rightarrow 4)$ mit einem α-D-Galactose-Baustein (B) verknüpft ist. Zwei Wiederholungseinheiten sind über eine $(1 \rightarrow 3)$-glycosidische Bindung miteinander verbunden.

Zeichnen Sie einen Strukturformelausschnitt mit zwei Wiederholungseinheiten (–ABAB–).   4
                                                                                                                                                          30

Lösung

Inhalte: Aminosäuren, Proteine, Kohlenhydrate, Galactose

1.1 Die allgemeine Formel für Aminosäuren lautet:

$$\begin{array}{c} \text{COOH} \\ | \\ H_2N - C - H \\ | \\ R \end{array}$$

Im Falle des Glycins ist R = H und damit ist das α-C-Atom nicht asymmetrisch substituiert wie bei allen anderen proteinogenen Aminosäuren. Man kann daher eine Spiegelebene durch das Molekül legen. Voraussetzung für die optische Aktivität ist aber, dass das fragliche Molekül keine Spiegelebene hat.
Aminosäuren kommen in der Regel in der L-Form vor.
Spiegelbild-Isomere des Serins:

$$\begin{array}{cc} \begin{array}{c} \text{COOH} \\ | \\ H_2N - C - H \\ | \\ CH_2 \\ | \\ OH \end{array} & \begin{array}{c} \text{COOH} \\ | \\ H - C - NH_2 \\ | \\ CH_2 \\ | \\ OH \end{array} \\ \text{L-Serin} & \text{D-Serin} \end{array}$$

1.2

1.3 Reaktionsgleichung für die Bildung von Disulfid-Brücken:

Der Rest der Aminosäure Cystein ist eine $-CH_2SH$-Gruppe. Eine reversible Redoxreaktion erlaubt die Vernetzung zweier Cystein-Reste zu einem Dimer (Cystin). Dem Schwefelatom im Cystein kann die Oxidationszahl –II zugeordnet werden, den Schwefelatomen im Cystin die Oxidationszahl –I.

1.4 Aminosäure-Identifizierung:
Saure Hydrolyse des Conotoxins mit Salzsäure. Die freigesetzten Aminosäuren können durch Chromatographie identifiziert werden.

✦ Hinweis: **Grundprinzip der Chromatographie**
Bei der Dünnschicht- bzw. Papier-Chromatographie wird eine in einem Lösungsmittel (auch: Laufmittel, mobile Phase) gelöste Probe durch Kapillarkräfte entlang eines Trägermaterials (stationäre Phase) transportiert. An jedem Punkt entlang der Laufstrecke stellen sich Verteilungsgleichgewichte zwischen der mobilen (Extraktion) und der stationären Phase ein (Adsorption). An einem bestimmten Punkt (eigentlich eine Zone) der stationären Phase überwiegt die Adsorption die Extraktion, sodass die Substanz sich hier sammelt. Dabei hat jede Substanz in einem chromatographischen System einen charakteristischen R_f-Wert:

$$R_f = \frac{Laufstrecke(Stoff)}{Laufstrecke(Lösungsmittel)}$$

In der Praxis empfiehlt es sich jedoch, Vergleichssubstanzen zu benutzen. Die Substanzflecke können durch geeignete Nachweisreagenzien sichtbar gemacht werden.

Praktische Durchführung im Beispiel
Auf der stationären Phase (geeignet sind z. B. DC-Platten mit Cellulose-Beschichtung) wird eine Startlinie markiert und mithilfe von Kapillaren jeweils eine kleine Probe der Hydrolyse-Lösung sowie von Aminosäure-Lösungen als Vergleichssubstanzen aufgetragen.
Nachdem die Substanzflecken eingetrocknet sind, wird die stationäre Phase in einen Tank mit Lösungsmittel gestellt, wobei die Startlinie oberhalb der Flüssigkeit sein muss (mobile Phase; für Aminosäuregemische eignet sich ein Propanol-Wasser-Gemisch). Die Platte bleibt im Lösungsmittel-Tank stehen, bis die Lösungsmittelfront fast das obere Plattenende erreicht hat.
Das Chromatogramm wird mit einer Ninhydrin-Lösung als Nachweisreagenz besprüht und im Trockenschrank bei 80 °C entwickelt, wobei sich die Substanzflecken blau färben.
Die Identifizierung der Aminosäuren erfolgt durch Vergleich der Laufstrecke der Probe, bzw. Vergleichssubstanzen (Flecken auf gleicher Höhe).

2.1
2.2

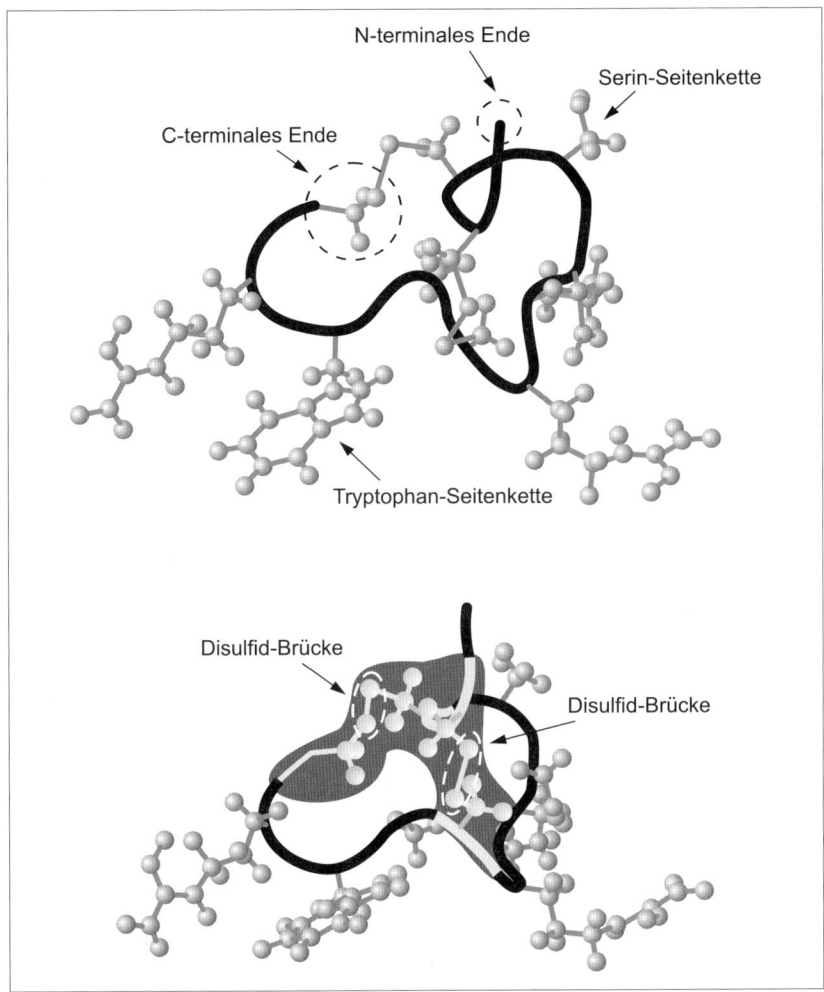

N-terminales Ende

Serin-Seitenkette

C-terminales Ende

Tryptophan-Seitenkette

Disulfid-Brücke

Disulfid-Brücke

2.3 Unter der **Primärstruktur** eines Peptids oder Proteins versteht man die Abfolge der Aminosäuren, die vom N-terminalen zum C-terminalen Ende geschrieben wird.

Die **Tertiärstruktur** bezeichnet die gesamte räumliche Anordnung eines Peptids oder Proteins.

Im Beispiel wäre die Primärstruktur durch die in der Aufgabenstellung angegebene Sequenz beschrieben. Die Tertiärstruktur könnte man als ellipsoid (scheibenförmig) beschreiben.

3.1

FISCHER-Projektion

HAWORTH-Projektion (α-Anomer)

3.2 Ausschnitt aus dem Galactan:

Punkteschlüssel							
Punkte	15	14	13	12	11	10	9	8
BE	ab 28,5 bis 30	ab 27 bis 28	ab 25,5 bis 26,5	ab 24 bis 25	ab 22,5 bis 23,5	ab 21 bis 22	ab 19,5 bis 20,5	ab 18 bis 19
Punkte	7	6	5	4	3	2	1	0
BE	ab 16,5 bis 17,5	ab 15 bis 16	ab 13,5 bis 14,5	ab 11,5 bis 13	ab 9,5 bis 11	ab 7,5 bis 9	ab 5,5 bis 7	< 5,5

Klausuren Chemie
Klausur 13: Kohlenhydrate/Aminosäuren/Fette (Bearbeitungszeit: 90 min)

Chemie der Gummibärchen

Fruchtgummis, wie sie z. B. als Gummibärchen verkauft werden, enthalten Gelatine und Glucose-Sirup und sind mit Carnauba- oder Bienen-Wachs überzogen.

1 Glucose-Sirup wird aus natürlicher Stärke (ein Gemisch aus Amylose und Amylopektin) durch Zugabe verdünnter Säure gewonnen. Die „Süßkraft" des Sirups kann erhöht werden, indem man ihn zusätzlich durch Glucose-Isomerase behandelt. Dieses Enzym wandelt einen Teil der Glucose in Fructose um.

1.1 Zeichnen Sie einen Strukturformelausschnitt aus Amylose oder Amylopektin, der die wesentlichen Bindungsmerkmale berücksichtigt (mindestens drei Bausteine). Benennen Sie die Verknüpfung der Glucose-Bausteine. Worin unterscheidet sich Amylopektin von Amylose? **4**

1.2 Zeichnen Sie die Strukturformel von D-Fructose in der FISCHER-Projektion und der β-D-Fructofuranose in der HAWORTH-Projektion. **2**

1.3 D-Glucose kann durch die Glucose-Oxidase-Reaktion in Kopplung mit einer Farbreaktion nachgewiesen werden (GOD-Test). Die Glucose reagiert dabei zum Gluconolacton und Wasserstoffperoxid. Geben Sie dafür ein Reaktionsschema und für den Oxidationsschritt mit Sauerstoff eine Reaktionsgleichung an. **4**

2 Gelatine wird aus bindegewebshaltigen Teilen von Schlachtabfällen (Knochen, Knorpel, Haut) gewonnen und in einem aufwendigen Prozess aufgearbeitet. Bindegewebe enthält das Struktur-Protein Kollagen, weswegen der Aufbau der Gelatine dem des Kollagens ähnlich ist.
Einzelne Kollagen-Moleküle bestehen aus einer charakteristisch helical aufgewundenen Polypeptid-Kette, von denen sich je drei zur Kollagen-Dreifachhelix zusammenlagern können (Abbildung 1 a zeigt die Struktur eines Modells). Kollagen-Moleküle enthalten einen überdurchschnittlich hohen Anteil der Aminosäuren Glycin (Gly), Prolin (Pro) sowie 4-Hydroxyprolin (Hyp). Lysin (= 2,6-Diaminohexansäure)-Bausteine sind ebenfalls in relativ großer Menge enthalten. Die Lysin-Reste werden teilweise durch ein Enzym modifiziert, so dass zwei Kollagen-Ketten kovalent durch die veränderten Lysin-Seitenketten verknüpft werden können.
Zur Aufklärung der räumlichen Struktur des Kollagens kann man Modellpeptide mit charakteristischer Aminosäure-Abfolge synthetisieren und untersuchen. Ein Ausschnitt aus einem Modellpeptid ist in Abbildung 1 b gezeigt.

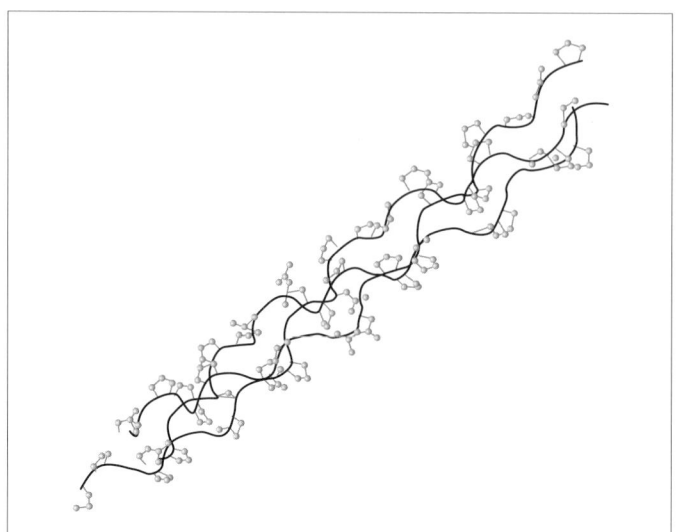

Abb. 1 a: Ausschnitt aus einer kollagenartigen Dreifachhelix

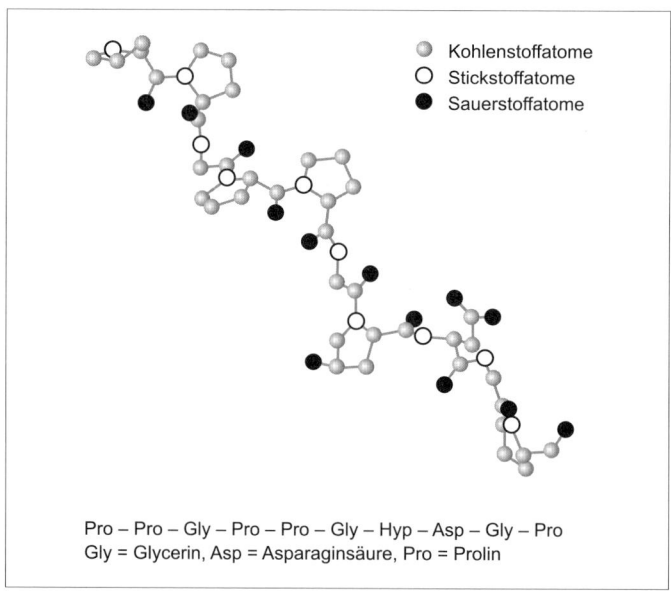

○ Kohlenstoffatome
○ Stickstoffatome
● Sauerstoffatome

Pro – Pro – Gly – Pro – Pro – Gly – Hyp – Asp – Gly – Pro
Gly = Glycerin, Asp = Asparaginsäure, Pro = Prolin

Abb. 1 b: Modellpeptid für Kollagen (Wasserstoffatome sind nicht dargestellt)

2.1 Geben Sie Definitionen für die Begriffe „Primär-, Sekundär-, Tertiär- und Quartärstruktur" und erläutern Sie diese anhand der obigen Beschreibung und der beiden Abbildungen.   6

2.2 Beschriften Sie die Aminosäuren in der Strukturdarstellung 1 b. Zeichnen Sie den Abschnitt Gly-Hyp-Asp mit vollständigen Strukturformeln.   4

2.3 Proben der Aminosäuren Lysin, Asparaginsäure und Glycin werden jeweils in destilliertes Wasser gegeben und etwas Universalindikator zugegeben. Welche Beobachtung kann man dabei machen? Geben Sie eine Erklärung.   4

3   Bienenwachs besteht hauptsächlich aus Palmitinsäuremyricylester. Der Myricylalkohol ist ein primärer Alkohol mit der Formel $C_{30}H_{61}OH$.

3.1 Geben Sie eine Reaktionsgleichung für die Veresterung von Palmitinsäure mit Myricylalkohol an. Benutzen Sie dafür Halbstrukturformeln (Beispiel 1-Butanol: $CH_3(CH_2)_3OH$).
Berechnen Sie die molare Masse des Esters.   3

3.2 Die Verseifungszahl ist eine wichtige Kenngröße für Fette und Wachse. Sie gibt an, wieviel mg Kaliumhydroxid zur Verseifung (vollständige Hydrolyse) von 1,0 g des jeweiligen Stoffes verbraucht wird. Berechnen Sie die Verseifungszahl für Palmitinsäuremyricylester.   <u>3</u>
   30

Lösung

Inhalte: Naturstoffe, Stärke, Gelatine, Bienenwachs

1.1

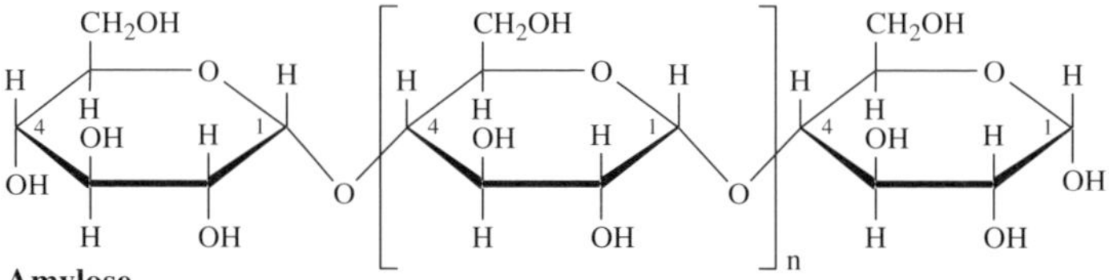

Amylose

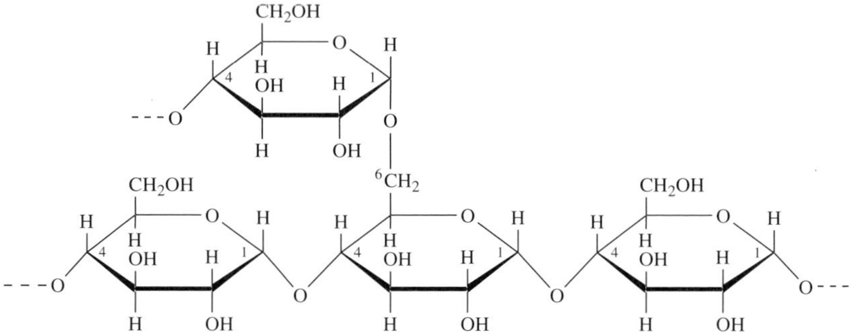

Amylopektin

Bindungen in Amylose und Amylopektin:
Im Amylose-Molekül sind Glucose-Einheiten $\alpha(1\rightarrow4)$-glycosidisch verknüpft. Es bildet sich eine helikale Struktur aus.
Das Amylopektin-Molekül ist aus einer Hauptkette mit $\alpha(1\rightarrow4)$-glycosidisch verknüpften Glucose-Einheiten aufgebaut. Zusätzlich treten Verzweigungen mit $\alpha(1\rightarrow6)$-glycosidischer Bindung auf. Die Seitenketten können ihrerseits verzweigt sein (auch $\alpha(1\rightarrow6)$-verknüpft).

1.2

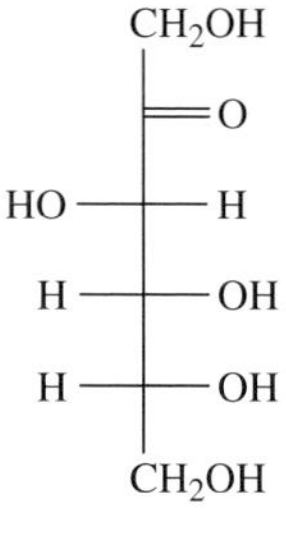

FISCHER-Projektion

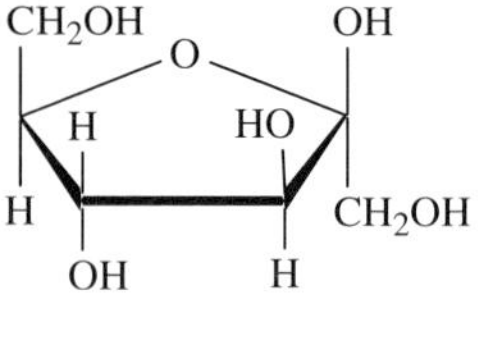

HAWORTH-Projektion

1.3 β-D-Glucose + Sauerstoff $\xrightarrow{\text{Glucose-Oxidase}}$ D-Gluconolacton + Wasserstoffperoxid

Wasserstoffperoxid + Substrat $\xrightarrow{\text{Peroxidase}}$ Wasser + Farbstoff

2.1 Unter der **Primärstruktur** eines Peptids oder Proteins versteht man die Abfolge der Aminosäuren, die vom N-terminalen zum C-terminalen Ende geschrieben wird.

Die Faltung des „Rückgrats" (engl. backbone) eines Peptids oder Proteins, also der Kette mit den Peptidbindungen, nennt man **Sekundärstruktur**.

Die **Tertiärstruktur** bezeichnet die gesamte räumliche Anordnung eines Peptids oder Proteins.

Lagern sich zwei oder mehrere Peptid- oder Proteinketten zu einem größeren Protein zusammen, so bezeichnet man die resultierende Gesamtstruktur als **Quartärstruktur**. Die Ketten werden untereinander durch van-der-Waals-Kräfte, Coulomb-Wechselwirkungen zwischen geladenen Seitenketten und/oder Wasserstoffbrückenbindungen zusammengehalten.

Im Beispiel ist die Primärstruktur die angegebene Abfolge der Aminosäuren, die Sekundärstruktur ist eine Helix, die Tertiärstruktur ist kabelartig und schließlich lagern sich drei Ketten zum Gesamtprotein (Quartärstruktur) zusammen.

2.2 Strukturformel für $-$Gly$-$Hyp$-$Asp$-$:

93

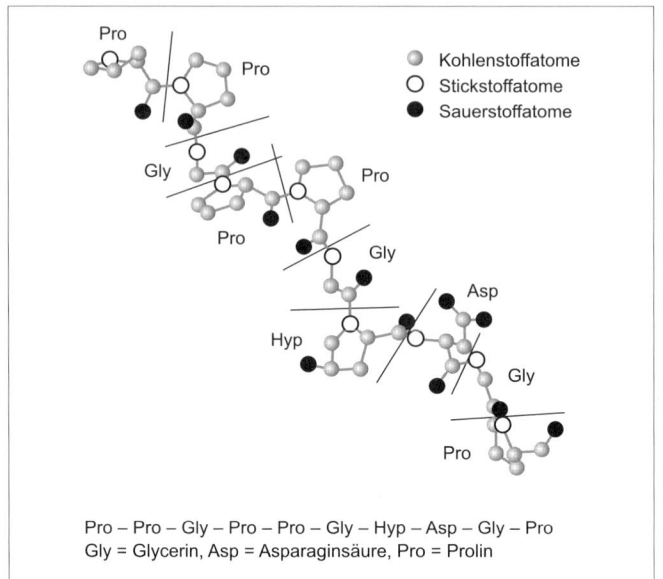

Pro – Pro – Gly – Pro – Pro – Gly – Hyp – Asp – Gly – Pro
Gly = Glycerin, Asp = Asparaginsäure, Pro = Prolin

2.3 Lysin: Basische Lösung, mit Universalindikator blau.
Asparaginsäure: Saure Lösung, mit Universalindikator orange-rot.
Glycin: Leicht saure Lösung, mit Universalindikator gelbgrün.

Aminosäuren ohne saure oder basische Gruppe liegen in wässriger Lösung überwiegend in der Zwitterionen-Form vor, ein Teil der Moleküle gibt aber das Proton der $-NH_3^+$-Gruppe ab, weswegen die Lösungen schwach sauer reagieren.

Lysin hat eine Seitenkette mit einer Aminogruppe, die in wässriger Lösung protoniert werden kann und reagiert deshalb basisch.

Asparaginsäure hat eine Seitenkette mit einer Carboxyl-Funktion, die ein Proton abgeben kann, und reagiert daher deutlich sauer.

3.1 $CH_3(CH_2)_{14}COOH + CH_3(CH_2)_{28}CH_2OH \longrightarrow CH_3(CH_2)_{14}COO(CH_2)_{29}CH_3 + H_2O$

Molmasse des Esters:
46 C-Atome + 92 H-Atome + 2 Sauerstoffatome $\Rightarrow M_{Ester} = 676$ g $\cdot$ mol^{-1}

3.2 Zur Verseifung braucht man 1 mol Hydroxid-Ionen, entsprechend 1 mol Kaliumhydroxid pro mol Ester.

Weil $M_{KOH} = 56$ g $\cdot$ mol$^{-1} = 56\,000$ mg $\cdot$ mol^{-1}, braucht man für 1 g des Esters

$$m_{KOH} = \frac{56\,000 \text{ mg} \cdot 1 \text{ g}}{676 \text{ g}} = 82,8 \text{ mg Kaliumhydroxid.}$$

Punkteschlüssel							
Punkte	15	14	13	12	11	10	9	8
BE	ab 28,5 bis 30	ab 27 bis 28	ab 25,5 bis 26,5	ab 24 bis 25	ab 22,5 bis 23,5	ab 21 bis 22	ab 19,5 bis 20,5	ab 18 bis 19
Punkte	7	6	5	4	3	2	1	0
BE	ab 16,5 bis 17,5	ab 15 bis 16	ab 13,5 bis 14,5	ab 11,5 bis 13	ab 9,5 bis 11	ab 7,5 bis 9	ab 5,5 bis 7	< 5,5

BE

1 Raps hat zunehmende Bedeutung für die Industrie und Landwirtschaft, da aus den Samen Öl gewonnen werden kann. Rapsöl wird beispielsweise zu Biodiesel oder Speiseöl und -fett (Margarine) verarbeitet. Speiseöl aus Raps enthält einen hohen Anteil ungesättigter Fettsäuren.

1.1 Was versteht man unter gesättigten bzw. ungesättigten Fettsäuren? Nennen Sie jeweils ein Beispiel.
Zeichnen Sie eine Strukturformel für Linolsäure, die den Aufbau der wesentlichen Strukturelemente darstellt und geben Sie den systematischen Namen an.   5

1.2 Etwas Rapsöl wird im Reagenzglas mit wenig orangefarbenem Bromwasser kräftig geschüttelt. Nachdem sich die wässrige Phase und die Ölphase wieder getrennt haben, ist die wässrige Phase farblos.
Geben Sie eine Erklärung für diese Beobachtung und formulieren Sie eine geeignete Reaktionsgleichung.   2

2 Rapsöl unterliegt – wie alle Fette und Öle – der „Alterung", die unter anderem durch verschiedene Reaktionen mit Luftsauerstoff verursacht wird. Dabei entstehen Peroxide (organische Verbindungen mit der Formel $R-O-O-H$ bzw. $R-O-O-R'$), Aldehyde und Ketone.

2.1 In gealtertem Rapsöl findet man unter anderem 1-Penten-3-on und (E)-2-Pentenal. Zeichnen Sie die Strukturformeln.   2

2.2 Stark gealtertes Rapsöl wird mit etwas fuchsinschwefliger Säure geschüttelt. Was ist dabei zu beobachten?
Beschreiben Sie ausführlich eine weitere Nachweisreaktion, die für dieselbe funktionelle Gruppe durchgeführt werden kann (mit Reaktionsgleichungen).   4

2.3 Eine hohe „Peroxid-Zahl" ist ein wichtiges Erkennungszeichen für die Alterung von Fetten und Ölen. Sie wird in einem iodometrischen Verfahren bestimmt, indem man eine Probe in saurer Lösung mit Iodid umsetzt und das entstehende Iod durch die Titration mit einer Natriumthiosulfat-Lösung bestimmt. Die organischen Peroxide reagieren dabei zu den Alkoholen und Wasser.
Formulieren Sie Reaktionsgleichungen für die Umsetzung der Peroxide und die Rücktitration.   3
Hilfe: $2\,S_2O_3^{2-} \longrightarrow S_4O_6^{2-} + 2\,e^-$

3   Seife enthält Natriumsalze von Fettsäuren, die mit Calcium-Ionen im Wasser schlecht lösliche Salze („Kalkseifen") bilden und sich ungünstig auf den Waschvorgang auswirken. Man hat daher für Waschmittel wasserlösliche Alkylsulfate entwickelt, die durch Veresterung von Fettalkoholen mit Schwefelsäure synthetisiert werden. Die Fettalkohole erhält man durch die katalytische Reduktion von Fettsäuren mit Wasserstoff (dabei entsteht noch Wasser).

3.1   Formulieren Sie die Reaktionsgleichung für die Bildung von „Kalkseife" (Fettsäure-Reste können durch „R" abgekürzt werden).   2

3.2   Als Basis für die Herstellung eines Alkylsulfats wird im Schulversuch häufig der Fettalkohol aus Laurinsäure (Dodecansäure) verwendet. Zeichnen Sie eine Strukturformel für das resultierende Alkylsulfat.   2

4   In geeigneten Verbrennungsmotoren kann Rapsöl direkt verbrannt werden, aber diese Verwendung ist unter anderem wegen der Zähflüssigkeit des Öls sehr begrenzt. Besser geeignet ist „Biodiesel", der durch eine Umesterung des Öls – also der Triglyceride – mit Methanol hergestellt wird. Neben den entsprechenden Estern entsteht dabei auch noch Glycerin.

4.1   Geben Sie eine Reaktionsgleichung mit Strukturformeln für die Umesterung eines Triglycerids mit Methanol an (Fettsäure-Reste können mit R abgekürzt werden).   3

4.2   Berechnen Sie die Verbrennungsenthalpie von Ölsäure-Methylester (ÖME) aus folgenden Angaben:

$$\Delta_f H^0 (\text{ÖME}) = -781{,}63 \text{ kJ} \cdot \text{mol}^{-1}$$

$$\Delta_f H^0 (\text{CO}_{2\,(g)}) = -393{,}51 \text{ kJ} \cdot \text{mol}^{-1}$$

    4

$$\Delta_f H^0 (\text{H}_2\text{O}_{(l)}) = -285{,}83 \text{ kJ} \cdot \text{mol}^{-1}$$

4.3   Die Dichte von Ölsäuremethylester beträgt $\rho = 0{,}875 \text{ g} \cdot \text{mL}^{-1}$. Berechnen Sie den Brennwert pro Liter und vergleichen Sie ihn mit dem von Benzin (32,3 MJ $\cdot$ L^{-1}, Durchschnittswert).   <u>3</u>

    30

Lösung

Inhalte: Fette und ihre Reaktionen, Seife, Brennwert

1.1 Gesättigte Fettsäuren enthalten in ihrer Kohlenwasserstoffkette im Gegensatz zu ungesättigten Fettsäuren keine Doppelbindungen.

Beispiele für gesättigte Fettsäuren sind Myristinsäure (14 C-Atome), Palmitinsäure (16 C-Atome) oder Stearinsäure (18 C-Atome).

Beispiele für ungesättigte Fettsäuren sind Ölsäure (18 C-Atome, eine Doppelbindung), Linolsäure (siehe unten) oder Linolensäure (18 C-Atome, drei Doppelbindungen).

Linolsäure = (*Z,Z*)-9,12-Octadecadiensäure

1.2 Brom kann an Doppelbindungen addiert werden, deshalb dient die damit einhergehende Entfärbung einer Brom-Lösung als Nachweis für eine Doppelbindung in organischen Molekülen.

$$R-CH=CH-R' \;+\; Br_2 \;\longrightarrow\; R-CHBr-CHBr-R'$$

2.1

1-Penten-3-on   (*E*)-2-Pentenal

2.2 Fuchsinschweflige Säure dient als Nachweis für Aldehyde. Eine positive Reaktion erkennt man an einer tiefroten-violetten Verfärbung nach Zugabe des Reagenzes zur Probe – was bei altem Rapsöl zu erwarten ist.

Aldehyd-Gruppen kann man auch mit der FEHLING- oder TOLLENS-Reaktion nachweisen.

Bei der TOLLENS-Reaktion gibt man zu ca. 0,1 M Silbernitrat-Lösung so viel konzentrierte Ammoniak-Lösung, bis sich der braune Niederschlag wieder auflöst. Dabei entsteht der lösliche Diamminsilber(I)-Komplex ($[Ag(NH_3)_2]^+$). Das TOLLENS-Reagenz wird zu einer wässrigen Lösung der Probe gegeben und das Gemisch im kochenden Wasserbad erhitzt. Im Idealfall erhält man nach einigen Minuten einen Silberspiegel, aber auch eine braun-schwarze Verfärbung (kolloidales Silber) zeigt eine positive Reaktion an.

Reaktionsgleichung:

Red.: $\overset{+I}{Ag^+} + e^- \longrightarrow \overset{0}{Ag}_{(s)}$ | $\cdot 2$

Ox.: $R\overset{+I}{-}CHO + 3\,OH^- \longrightarrow R\overset{+III}{-}COO^- + 2\,e^- + 2\,H_2O$

Aldehyd   Carbonsäure

Redox.: $R-CHO + 2\,Ag^+ + 3\,OH^- \longrightarrow R-COO^- + 2\,Ag_{(s)} + 2\,H_2O$

2.3 Reaktion der Peroxide mit Iodid:

Red.: $R\overset{-I\,-I}{-OOH} + 2\,H^+ + 2\,e^- \longrightarrow \overset{-II}{R-OH} + \overset{-II}{H_2O}$

Ox.: $2\,\overset{-I}{I^-} \longrightarrow \overset{0}{I_2} + 2\,e^-$

Redox.: $R-OOH + 2\,H^+ + 2\,I^- \longrightarrow R-OH + H_2O + I_2$

Titration des Iods mit Thiosulfat:

Red.: $\overset{0}{I_2} + 2\,e^- \longrightarrow 2\,\overset{-I}{I^-}$

Ox.: $2\,\overset{+II}{S_2}O_3^{2-} \longrightarrow \overset{+2,5}{S_4}O_6^{2-} + 2\,e^-$

Redox.: $I_2 + 2\,S_2O_3^{2-} \longrightarrow 2\,I^- + S_4O_6^{2-}$

✎ Hinweis: Die Oxidationszahlen des Schwefels im $S_4O_6^{2-}$-Ion (Tetrathionat-Ion) sind $2 \cdot 0$ und $2 \cdot +V$, was formal zur Oxidationszahl $+2,5$ führt:

Auch im $S_2O_3^{2-}$-Ion (Thiosulfat-Ion) ist die formale Oxidationszahl $+II$ aus dem Durchschnitt zweier Oxidationszahlen gebildet:

3.1 $Ca^{2+}_{(aq)} + 2\,R-COO^-_{(aq)} \longrightarrow Ca(R-COO)_{2\,(s)}$

3.2 Dodecylsulfat (Laurylsulfat):

4.1

4.2

$$CH_3(CH_2)_7CH=CH(CH_2)_7COOCH_3 + 27\,O_2 \longrightarrow 19\,CO_{2\,(g)} + 18\,H_2O_{\,(l)}$$

$$\Delta_c H^0(\ddot{O}ME) = 19 \cdot \Delta_f H^0(CO_2) + 18 \cdot \Delta_f H^0(H_2O) - \Delta_f H^0(\ddot{O}ME)$$

$$= 19 \cdot (-393{,}51\,kJ \cdot mol^{-1}) + 18 \cdot (-285{,}83\,kJ \cdot mol^{-1}) - (-781{,}63\,kJ \cdot mol^{-1})$$

$$= -7\,476{,}69\,kJ \cdot mol^{-1} - 5\,144{,}94\,kJ \cdot mol^{-1} + 781{,}63\,kJ \cdot mol^{-1} \approx -11\,840\,kJ \cdot mol^{-1}$$

4.3 1 mol Ölsäuremethylester entspricht 296 g ($M_{\ddot{O}ME}$ = 296 g · mol^{-1}):

$$V_{\ddot{O}ME} = \frac{m_{\ddot{O}ME}}{\rho_{\ddot{O}ME}} = \frac{0{,}296\,kg}{0{,}875\,kg \cdot L^{-1}} \approx 0{,}338\,L$$

Bei der Verbrennung von Ölsäuremethylester wird die Wärmemenge

$$Q = \frac{11\,840\,kJ}{0{,}338\,L} \approx 35{,}03\,MJ \cdot L^{-1}\ \text{freigesetzt.}$$

Der Brennwert pro Liter ist also etwas höher als der von Benzin.

Punkteschlüssel							
Punkte	15	14	13	12	11	10	9	8
BE	ab 28,5 bis 30	ab 27 bis 28	ab 25,5 bis 26,5	ab 24 bis 25	ab 22,5 bis 23,5	ab 21 bis 22	ab 19,5 bis 20,5	ab 18 bis 19
Punkte	7	6	5	4	3	2	1	0
BE	ab 16,5 bis 17,5	ab 15 bis 16	ab 13,5 bis 14,5	ab 11,5 bis 13	ab 9,5 bis 11	ab 7,5 bis 9	ab 5,5 bis 7	< 5,5

BE

1 Durch die industrielle Ammoniak-Synthese nach dem Haber-Bosch-Verfahren gelang es zum ersten Mal, Ammoniak in großen Mengen herzustellen. Damit konnte Kunstdünger für die Landwirtschaft bereitgestellt und somit die weltweiten Erträge erheblich gesteigert werden.

1.1 Bei der Herstellung von Wasserstoff für die Ammoniak-Synthese nach dem Haber-Bosch-Verfahren werden zwei verschiedene Reaktoren verwendet. Dabei laufen u. a. folgende Gleichgewichtsreaktionen ab:

Primärreformer

$$CH_{4\,(g)} + H_2O_{(g)} \rightleftharpoons CO_{(g)} + 3\,H_{2\,(g)} \qquad \Delta_r H > 0$$

Sekundärreformer

$$2\,CH_{4\,(g)} + O_{2\,(g)} \rightleftharpoons 2\,CO_{(g)} + 4\,H_{2\,(g)} \qquad \Delta_r H < 0$$

Erklären Sie, wieso die Herstellung des Wasserstoffs trotz der Kosten für den zusätzlichen Anlagenbau in unterschiedlichen Produktionsreaktoren erfolgt.   5

1.2 Die Entwicklung eines geeigneten Katalysators war für den wirtschaftlichen Erfolg des Haber-Bosch-Verfahrens von zentraler ökonomischer Bedeutung.
Erklären Sie unter Zuhilfenahme einer Reaktionsgleichung, warum die Entwicklung eines geeigneten Katalysators für die Umsetzung von Stickstoff mit Wasserstoff zu Ammoniak-Gas so wichtig war, obwohl die Verwendung eines Katalysators keine Veränderung der Gleichgewichtslage bewirkt.   6

1.3 Der in den Reaktionen von 1.1 entstehende Wasserstoff verursachte im Jahr 1921 eine verheerende Explosion im Ammoniak-Werk Oppau, die 500 Mitarbeiter das Leben kostete.
Stellen Sie dar, was die Katastrophe verursachte und erklären Sie mithilfe einer beschrifteten Skizze, welche technische Weiterentwicklung dies in den weiterentwickelten Anlagen verhinderte.   5

2.1 Eine wichtige Vorstufe bei der Salpetersäure-Herstellung nach dem Ostwald-Verfahren ist die exotherme Verbrennung von Stickstoff(II)-oxid mit Luftsauerstoff zu Stickstoff(IV)-oxid. Formulieren Sie die Reaktionsgleichung für diesen Prozess und geben Sie an, wie sich die Produktausbeute durch Veränderung der Reaktionsbedingungen steigern lässt.   4

2.2 Mischt man in einem 10 L fassenden Versuchsreaktor 3 mol Stickstoff-(II)-oxid mit 1,5 mol Sauerstoff, stellt sich nach einiger Zeit ein Gleichgewicht ein. Mithilfe einer Sauerstoffelektrode ermitteln die Techniker, dass sich im Gleichgewichtszustand noch 0,8 mol Sauerstoff im Reaktor befinden.
Berechnen Sie die Gleichgewichtskonzentrationen und die Gleichgewichtskonstante K_c für diesen Prozess.   9

3   Reife Ananasfrüchte kann man an ihrem charakteristischen Geruch erkennen. Die Hauptkomponente dieses Aromas ist dabei Butansäureethylester (= Ethylbutanoat). Diese Substanz wird in großen Mengen für lebensmittelchemische Zwecke hergestellt.

3.1 Formulieren Sie die Reaktionsgleichung in Strukturformeln für die Herstellung dieses Aromastoffes unter Angabe der Namen von Edukten und Produkten und eines geeigneten Katalysators.
Benennen Sie die Hin- und die Rückreaktion mit den entsprechenden Fachbegriffen.   6

3.2 Definieren Sie den Begriff „Katalysator" aus chemischer Sicht.   3

3.3 Beschreiben Sie eine Möglichkeit, um die Esterausbeute bei dieser Reaktion zu erhöhen.   3

4   In einem Probeexperiment werden in einer 10 L fassenden Modellanlage 5 mol Methan-Gas mit der gleichen Menge Wasserdampf gemischt und bei 200 °C zur Reaktion gebracht. Nach dem Experiment ergab die Analyse des Gasgemisches einen Gehalt von 0,8 mol Wasserstoff in dem Gemisch.
Berechnen Sie die Gleichgewichtskonzentrationen aller beteiligten Stoffe und die Gleichgewichtskonstante K_c.   7
                                                                            ──
                                                                            48

Lösung

Inhalte: Chemisches Gleichgewicht, Haber-Bosch-Verfahren, Gleichgewichtskonstante, Massenwirkungsgesetz, Katalysator, Veresterung

1.1 Aus ökonomischer Sicht muss die Wasserstoff-Ausbeute möglichst hoch sein. Da es sich bei beiden Prozessen um Gleichgewichtsreaktionen handelt, lässt sich die Lage des Gleichgewichts beeinflussen. Um möglichst viel Wasserstoff zu erhalten, muss in beiden Fällen die Hinreaktion gefördert werden. Nach dem Prinzip vom kleinsten Zwang von Le Chatelier und Braun wählt man deshalb die Reaktionsbedingungen wie folgt:

Primärreformer
- hohe Temperatur, um die endotherme Hinreaktion zu fördern
- niedriger Druck, um die volumenvergrößernde Hinreaktion zu fördern

Sekundärreformer
- niedrige Temperatur, um die exotherme Hinreaktion zu fördern
- niedriger Druck, um die volumenvergrößernde Hinreaktion zu fördern

Da man nicht gleichzeitig bei hohen und niedrigen Temperaturen arbeiten kann, müssen die beiden Reaktionen in unterschiedlichen Reaktionsräumen ablaufen, wo man die nötigen Bedingungen aufrechterhalten kann. Dies erhöht die Ausbeute durch Verschiebung der Gleichgewichtslage und steigert damit auch den ökonomischen Gewinn.

1.2 Im Synthesereaktor herrscht folgendes Gleichgewicht:

$$N_2 + 3\,H_2 \rightleftharpoons 2\,NH_3$$

Dabei ist die Hinreaktion stark exotherm. Um die Ammoniak-Ausbeute durch Verschieben der Gleichgewichtslage und damit den ökonomischen Ertrag zu steigern, sollte die Temperatur möglichst niedrig gewählt werden, da dies die exotherme Reaktion fördert. Allerdings benötigt diese Synthesereaktion eine sehr hohe Aktivierungsenergie, d. h. um die Reaktion überhaupt in Gang zu bringen, sind hohe Temperaturen nötig, was aber die Ammoniak-Ausbeute verkleinert.
Durch den Einsatz eines Katalysators lässt sich die Aktivierungsenergie herabsetzen. Dadurch kann die Reaktion bei niedrigeren Temperaturen in Gang gesetzt werden (geringere Energiekosten) und die Ammoniak-Ausbeute gesteigert werden.

1.3 Unter den Reaktionsbedingungen im Reaktor (hoher Druck, relativ hohe Temperatur) reagiert Wasserstoff aus dem Synthesegas mit dem im Stahl enthaltenen Kohlenstoff gemäß:

$$C + 2\,H_2 \longrightarrow CH_4$$

Dadurch verlor der Stahlmantel seine Stabilität und die Konstruktion explodierte durch den hohen Druck im Inneren.

Um diese Ereignisse zu verhindern, wurden Druckreaktoren nach folgendem Aufbau entwickelt:

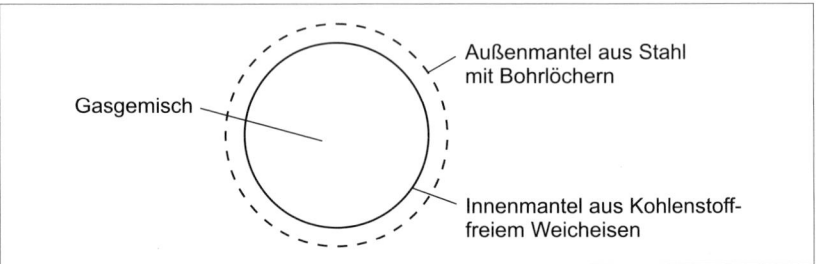

Da in dem Innenmantel aus Weicheisen kein Kohlenstoff enthalten ist, reagiert Wasserstoff nicht mit dieser Reaktorwand. Weicheisen ist aber nicht stabil genug, um den hohen Drücken Stand zu halten. Deshalb sorgt ein zweiter Mantel aus Stahl für Stabilität. Um zu verhindern, dass austretender Wasserstoff erneut mit Kohlenstoff im Stahl reagiert, wurden Löcher in den Stahlmantel gebohrt. Durch diese Bohrlöcher kann ausgetretener Wasserstoff sehr schnell entweichen, ohne mit Kohlenstoff zu reagieren.

2.1 $2\,NO + O_2 \rightleftharpoons 2\,NO_2$ $\Delta_r H < 0$

Nach dem Prinzip vom kleinsten Zwang nach Le Chatelier und Braun lässt sich die Ausbeute durch Förderung der Hinreaktion mit niedriger Temperatur und hohem Druck oder die Entfernung des Produkts aus dem Gleichgewicht steigern.

2.2 Folgende Größen sind in der Aufgabe angegeben:
V(Reaktor) = 10 L; n_0(NO) = 3 mol; n_0(O$_2$) = 1,5 mol; n_{GG}(O$_2$) = 0,8 mol
Berechnung:
In dem Reaktor liegt nach dem Experiment folgendes Gleichgewicht vor:
$2\,NO + O_2 \rightleftharpoons 2\,NO_2$ $\Delta_r H < 0$

Hinweis: Um die verbrauchte Stoffmenge des Sauerstoffs $n_v(O_2)$ zu ermitteln, muss man von der Ausgangsstoffmenge die im Gleichgewicht vorhandene Stoffmenge des Sauerstoffs subtrahieren:

$n_v(O_2) = n_0(O_2) - n_{GG}(O_2) = 1,5\ mol - 0,8\ mol = 0,7\ mol$

Hinweis: Da die Produkte aus den Edukten entstehen, kann man die Produktstoffmengen ins Verhältnis zu der verbrauchten Stoffmenge an Eduktteilchen setzen.

$$\frac{n(NO_2)}{n_v(O_2)} = \frac{2}{1} \quad \Rightarrow \quad n(NO_2) = 2 \cdot n_v(O_2) = 2 \cdot 0,7 \, mol = 1,4 \, mol$$

Hinweis: Da die Edukt-Teilchen immer im gleichen stöchiometrischen Verhältnis miteinander reagieren, gilt:

$$\frac{n_v(NO)}{n_v(O_2)} = \frac{2}{1} \quad \Rightarrow \quad n_v(NO) = 2 \cdot n_v(O_2) = 2 \cdot 0,7 \, mol = 1,4 \, mol$$

$n(NO) = n_0(NO) - n_y(NO) = 3 \, mol - 1,4 \, mol = 1,6 \, mol$

Hinweis: Mithilfe des Reaktorvolumens können nun die Gleichgewichtskonzentrationen aller Stoffe berechnet werden:

$$c(O_2) = \frac{n(O_2)}{V(Reaktor)} = \frac{0,8 \, mol}{10 \, L} = 0,08 \, mol \cdot L^{-1}$$

$$c(NO) = \frac{n(NO)}{V(Reaktor)} = \frac{1,6 \, mol}{10 \, L} = 0,16 \, mol \cdot L^{-1}$$

$$c(NO_2) = \frac{n(NO_2)}{V(Reaktor)} = \frac{1,4 \, mol}{10 \, L} = 0,14 \, mol \cdot L^{-1}$$

Hinweis: Setzt man diese Gleichgewichtskonzentrationen in das Massenwirkungsgesetz ein, so ergibt sich folgende Gleichgewichtskonstante K_c:

$$K_c = \frac{c^2(NO_2)}{c(O_2) \cdot c^2(NO)} = \frac{(0,14 \, mol \cdot L^{-1})^2}{0,08 \, mol \cdot L^{-1} \cdot (0,16 \, mol \cdot L^{-1})^2} = 9,57 \, L \cdot mol^{-1}$$

3.1

Butansäure Ethanol

Butansäureethylester Wasser

Die Hinreaktion wird als Kondensation bzw. Veresterung und die Rückreaktion als Hydrolyse bzw. Esterhydrolyse bezeichnet.

3.2 Katalysatoren sind Stoffe, die die Aktivierungsenergie einer chemischen Reaktion herabsetzen und sie dadurch beschleunigen, ohne selbst dabei verbraucht zu werden.

3.3 *Hinweis: Die Erhöhung der Ester-Ausbeute entspricht einer Veränderung der Gleichgewichtslage, die sich durch das Prinzip vom kleinsten Zwang von Le Chatelier und Braun vorhersagen lässt. Prinzipiell kann man die Temperatur, den Druck bzw. die Konzentration der beteiligten Stoffe verändern.*

Die Ester-Ausbeute lässt sich steigern, indem man ein Produkt aus dem Gleichgewicht entfernt, z. B. durch Schwefelsäure als Katalysator, der Wasser bindet oder durch Abdestillieren des Esters.

Alternativ könnte man auch die Konzentration eines Edukts erhöhen, in dem man eine größere Menge Ethanol oder Butansäure einsetzt.

4 *Hinweis: Für die Lösung der Aufgabe ist es entscheidend zu erkennen, was Anfangsstoffmengen und was Stoffmengen im Gleichgewicht sind, d. h. man muss die Angabe wirklich genau lesen und Signalwörter wie z. B. „zur Reaktion gebracht" oder „nach dem Experiment" korrekt interpretieren.*

Folgende Größen sind in der Aufgabe angegeben:
$V = 10$ L; $n_0(CH_4) = n_0(H_2O) = 5$ mol; $n(H_2) = 0,8$ mol

In dem Reaktor liegt nach dem Experiment folgendes Gleichgewicht vor:

$$CH_4 + H_2O \rightleftharpoons CO + 3\,H_2 \qquad \Delta_r H > 0$$

Hinweis: Aufgrund der stöchiometrischen Verhältnisse lässt sich folgende Stoffmenge $n(CO)$ ermitteln:

$$\frac{n(CO)}{n(H_2)} = \frac{1}{3} \quad \Rightarrow \quad n(CO) = \frac{1}{3} \cdot n(H_2) = \frac{1}{3} \cdot 0,8\ mol = 0,27\ mol$$

Hinweis: Da die Produkte aus den Edukten entstehen, kann man die Produktstoffmengen ins Verhältnis setzen zu der verbrauchten Stoffmenge n_v an Eduktteilchen. Um die im Gleichgewicht noch vorhandene Stoffmenge zu ermitteln, muss man von der Ausgangsstoffmenge die verbrauchte Stoffmenge subtrahieren:

$$\frac{n_v(H_2O)}{n(H_2)} = \frac{1}{3} \quad \Rightarrow \quad n_v(H_2O) = \frac{1}{3} \cdot n(H_2) = \frac{1}{3} \cdot 0,8\ mol = 0,27\ mol$$

$$n(H_2O) = n_0(H_2O) - n_v(H_2O) = 5\ mol - 0,27\ mol = 4,73\ mol$$

$$\frac{n_v(CH_4)}{n(H_2)} = \frac{1}{2} \quad \Rightarrow \quad n_v(CH_4) = \frac{1}{3} \cdot n(H_2) = \frac{1}{3} \cdot 0,8\ mol = 0,27\ mol$$

$$n(CH_4) = n_0(CH_4) - n_v(CH_4) = 5\ mol - 0,27\ mol = 4,73\ mol$$

Hinweis: Mithilfe des Reaktorvolumens können nun die Gleichgewichtskonzentrationen aller Stoffe berechnet werden:

$$c(H_2) = \frac{n(H_2)}{V} = \frac{0,8\ \text{mol}}{10\ \text{L}} = 0,08\ \text{mol} \cdot L^{-1}$$

$$c(CO) = \frac{n(CO)}{V} = \frac{0,27\ \text{mol}}{10\ \text{L}} = 0,027\ \text{mol} \cdot L^{-1}$$

$$c(H_2O) = \frac{n(H_2O)}{V} = \frac{4,73\ \text{mol}}{10\ \text{L}} = 0,473\ \text{mol} \cdot L^{-1}$$

$$c(CH_4) = \frac{n(CH_4)}{V} = \frac{4,73\ \text{mol}}{10\ \text{L}} = 0,473\ \text{mol} \cdot L^{-1}$$

Hinweis: Setzt man diese Gleichgewichtskonzentrationen in das Massenwirkungsgesetz ein, so ergibt sich folgende Gleichgewichtskonstante K_c:

$$K_c = \frac{c^3(H_2) \cdot c(CO)}{c(CH_4) \cdot c(H_2O)} = \frac{(0,08\ \text{mol} \cdot L^{-1})^3 \cdot 0,027\ \text{mol} \cdot L^{-1}}{0,473\ \text{mol} \cdot L^{-1} \cdot 0,473\ \text{mol} \cdot L^{-1}}$$

$$= 6,17 \cdot 10^{-5}\ \text{mol}^2 \cdot L^{-2}$$

Punkteschlüssel							
Punkte	15	14	13	12	11	10	9	8
BE	ab 46 bis 48	ab 43,5 bis 45,5	ab 41,5 bis 43	ab 39 bis 41	ab 36,5 bis 38,5	ab 34 bis 36	ab 31,5 bis 33,5	ab 29,5 bis 31
Punkte	7	6	5	4	3	2	1	0
BE	ab 27 bis 29	ab 24,5 bis 26,5	ab 22 bis 24	ab 19,5 bis 21,5	ab 16,5 bis 19	ab 13 bis 16	ab 9,5 bis 12,5	< 9,5

BE

Aufgabe 1: Gleichgewichte im Körper und Le Chatelier
Aufgabenstellung

1.1 Stellen Sie die Reaktionsgleichungen der Gleichgewichtsreaktionen zur Bildung von Hydrogencarbonat (HCO_3^-) ausgehend von gasförmigem Kohlenstoffdioxid im Blut auf.   3

1.2 Erläutern Sie mithilfe des Prinzips von Le Chatelier, warum sich im Gewebe im Blut viel Hydrogencarbonat (HCO_3^-) bildet, beim Durchströmen der Lunge aber wiederum viel gasförmiges Kohlenstoffdioxid aus dem Blut austritt.   3

1.3 Erklären Sie, welche Rolle die Carboanhydrase in diesem Zusammenhang spielt und ob das Enzym Einfluss auf die Lage der Gleichgewichte hat.   3

1.4 Der pH-Wert des Bluts (ein Maß für die Konzentration der H^+-Ionen) wird durch verschiedene Systeme im menschlichen Körper nahezu konstant gehalten. Erläutern Sie den Einfluss des pH-Werts auf die Löslichkeit von Kohlenstoffdioxid im Blut.   <u>3</u>

       12

Material

Im Körper entsteht durch die Oxidation von Kohlenhydraten permanent Kohlenstoffdioxid, welches über das Blut in die Lunge transportiert wird und hier den Körper verlässt.

Dabei ist Hydrogencarbonat HCO_3^- (als Ion) viel löslicher als das gasförmige CO_2 und kann somit in effizienter Weise zu den Lungen abtransportiert werden. In der Lunge läuft die Reaktion umgekehrt ab. Aus HCO_3^- und H^+ entsteht wieder Kohlenstoffdioxid, das wir ausatmen.

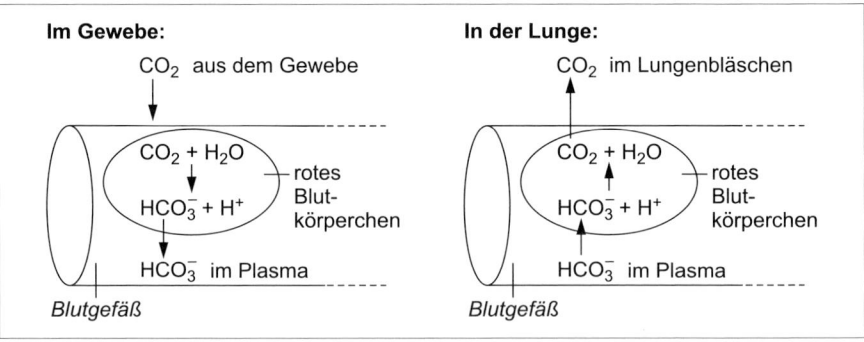

Abb. 1

Der vollständige Transport wird durch das Enzym „Carboanhydrase" erst möglich, welches eines der Enzyme mit der schnellsten Umsatzrate ist. Es beschleunigt die Reaktion von Kohlendioxid mit Wasser zu Hydrogencarbonat und einem Proton (H^+) und umgekehrt. Besonders viel Carboanhydrase findet man in den roten Blutkörperchen (Erythrocyten). CO_2 diffundiert im Gewebe passiv in die Erythrocyten, getrieben durch ein Konzentrationsgefälle. Die CO_2-Konzentration in den Gewebezellen ist hoch, da CO_2 fortwährend gebildet wird. In den Erythrocyten ist die Konzentration hingegen tief, da CO_2 ständig abtransportiert wird. Daraus ergibt sich das Konzentrationsgefälle. In der Lunge basiert der CO_2-Transport auf demselben Prinzip.

Aufgabe 2: Ammoniaksynthese
Aufgabenstellung

2.1 Beschreiben Sie die in Abb. 2 dargestellten Messergebnisse und erklären Sie die prinzipiellen Kurvenverläufe auf der Basis des Prinzips von Le Chatelier. 6

2.2 Bei der großtechnischen Synthese von Ammoniak arbeitet man bei Temperaturen um 450 °C und einem Druck von etwa 30 MPa (300 bar) in Gegenwart eines Katalysators.
a) Erklären Sie, warum man nicht bei 200 °C arbeitet, obwohl bei dieser Temperatur der Volumenanteil an NH_3 groß sein müsste. 2
b) Begründen Sie die Notwendigkeit des Katalysators und diskutieren Sie seinen Einfluss auf die Lage des Gleichgewichts. 2

10

Material
Die Ammoniakproduktion nach dem Haber-Bosch-Verfahren beruht auf der folgenden Reaktion:

$$N_2 + 3\,H_2 \rightleftharpoons 2\,NH_3 \qquad \Delta H < 0$$

Abb. 2 zeigt den Volumenanteil von Ammoniakgas im Gleichgewicht bei verschiedenen Druck- und Temperaturbedingungen.

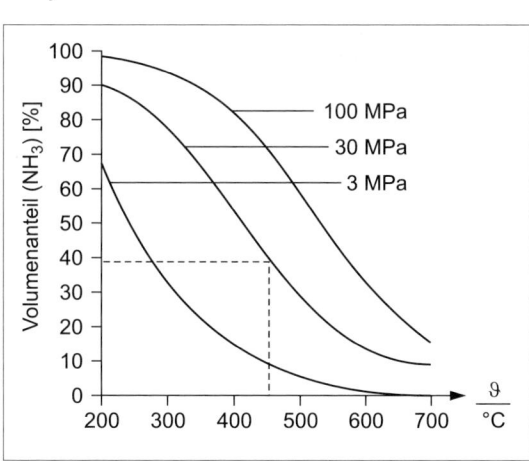

Abb. 2

109

Aufgabe 3: Weitere Aufgaben zu Le Chatelier
Aufgabenstellung

3.1 Stellen Sie das Massenwirkungsgesetz für die Reaktion von Eisen(III)-chlorid mit Kaliumthiocyanat auf.   2

3.2 Erklären Sie anhand der in Aufgabe 3.1 aufgestellten Gleichgewichtskonstante die in den Versuchen 1 und 2 gemachten Beobachtungen.   _6_
                                                                                                     8

Material

Eisen(III)-chlorid reagiert mit Kaliumthiocyanat nach folgendem Reaktionsschema:

$$Fe^{3+}{}_{(aq)} + 3\,SCN^-{}_{(aq)} \rightleftharpoons Fe(SCN)_{3\,(aq)} \qquad \text{(Eisenthiocyanat)}$$

Zur Herstellung von Eisenthiocyanat werden zunächst je eine Lösung Eisen(III)-chlorid (Lösung A, enthält Fe^{3+}-Ionen) und eine Kaliumthiocyanat-Lösung (Lösung B, enthält SCN^--Ionen) hergestellt. Beide Lösungen sind farblos.

Es werden nun folgende Versuche durchgeführt:
Zunächst werden Lösung A und B in einem Becherglas vereinigt. Hierbei bildet sich eine rote Lösung. Die Farbe wird durch das entstehende Eisenthiocyanat verursacht.
Die Lösung wird nun auf drei Reagenzgläser verteilt, wobei die Eisenthiocyanat-Lösung im ersten Reagenzglas als Vergleichslösung dient, um Farbänderungen in Reagenzglas 2 und 3 besser feststellen zu können.

1. Versuch: In das zweite Reagenzglas wird eine kleine Portion festes Eisen(III)-chlorid zugefügt.

2. Versuch: Zu der Lösung im dritten Reagenzglas werden einige mL Silbernitrat-Lösung zugegeben.

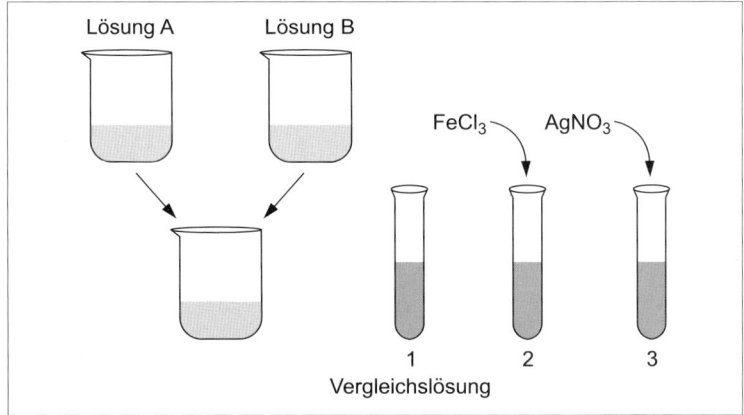

110

Beobachtungen:

1. Versuch: Im zweiten Reagenzglas kommt es zu einer deutlichen Vertiefung der roten Farbe.

2. Versuch: Im dritten Reagenzglas entfärbt sich die rote Lösung.

Hinweise:

Die Ag^+-Ionen des Silbernitrats reagieren mit den Thiocyanat-Ionen in der Lösung zu einem schwer löslichen Niederschlag aus Silberthiocyanat:

$$Ag^+ + SCN^- \longrightarrow AgSCN \downarrow$$

Die SCN^--Ionen werden bei dieser Reaktion aus dem oben dargestellten Gleichgewicht entzogen.

Der Wert der Gleichgewichtskonstanten K wird weder durch die Zugabe von Eisen(III)-chlorid in Versuch 1 noch durch die Zugabe der Silbernitrat-Lösung in Versuch 2 verändert.

30

Lösung

Inhalte: Carboanhydrase, Haber-Bosch-Verfahren, Reaktionsgeschwindigkeit, Chemisches Gleichgewicht, Le Chatelier

1.1   (1) $CO_2\,{}_{(g)} + H_2O \rightleftharpoons CO_2\,{}_{(aq)}$

      (2) $CO_2\,{}_{(aq)} + H_2O \rightleftharpoons H_2CO_3$

      (3) $H_2CO_3 \rightleftharpoons H^+{}_{(aq)} + HCO_3^-{}_{(aq)}$

1.2   Im Körperinneren entsteht durch den Umsatz der Kohlenhydrate viel gasförmiges Kohlenstoffdioxid. Damit erhöht sich die Konzentration der Edukte im Gleichgewicht (1). Das System reagiert nach Le Chatelier, indem es sich auf die Seite der Produkte verschiebt. Dies führt demzufolge auch zu einer Verschiebung von Gleichgewicht (2) und letztlich zu einer vermehrten Bildung von Hydrogencarbonat (3).
In der Lunge wird permanent Kohlenstoffdioxid in großer Konzentration abgeatmet und Luft mit Kohlenstoffdioxid in niedriger Konzentration eingeatmet. Damit ergibt sich eine Umkehrung des oben beschriebenen Sachverhalts.

1.3   Die Carboanhydrase ist ein Enzym, welches für eine schnelle Einstellung des Gleichgewichtes sorgt.
Ohne die Carboanhydrase würde das Kohlenstoffdioxid nicht schnell genug in Hydrogencarbonat umgewandelt werden und umgekehrt. Beim Durchströmen des Blutes durch die Lunge käme es in der Kürze der Zeit also gar nicht zu einer Rückreaktion und somit könnte das Kohlenstoffdioxid den Körper nicht verlassen.
Auf die Lage des Gleichgewichts hat das Enzym wie alle Katalysatoren keinen Einfluss, da es gleichermaßen Hin- wie Rückreaktion beschleunigt.

1.4   Würde der pH-Wert sinken und sich damit die Konzentration an H^+-Ionen vergrößern, würde sich das Gleichgewicht (3) und alle damit gekoppelten Gleichgewichte auf die linke Seite verschieben.
Da Hydrogencarbonat im Vergleich zu Kohlenstoffdioxid der wesentlich besser lösliche Stoff ist, würde insgesamt weniger Kohlenstoffdioxid im Blut gelöst werden.

2.1   Abb. 1 zeigt den Volumenanteil von Ammoniak im Gleichgewicht bei verschiedenen Druck- und Temperaturverhältnissen:
   – 3 Kurven für drei verschiedene Drücke

- Allen Kurven ist gemeinsam, dass mit steigender Temperatur der Ammoniakanteil im Gleichgewicht sinkt, d. h. bei niedrigen Temperaturen ist der Ammoniak-Anteil relativ hoch, bei hohen Temperaturen nimmt er ab.
- Vergleicht man die Kurven untereinander, so fällt auf, dass bei identischen Temperaturbedingungen bei einem höheren Druck ein höherer Ammoniakanteil im Gleichgewicht vorliegt.

Erklärung:
- Bei der Ammoniakbildungs-Reaktion handelt es sich um eine exotherme Reaktion. Eine höhere Temperatur begünstigt somit den endothermen Ammoniak-Zerfall, so dass sich bei höheren Temperaturen das Gleichgewicht auf die Eduktseite verschiebt.
- Bei der Ammoniakbildungs-Reaktion entstehen aus vier Gasmolekülen zwei Gasmoleküle. Da ein erhöhter Druck das Gleichgewicht auf die Seite mit der geringeren Anzahl an gasförmigen Teilchen verschiebt, muss der Ammoniak-Anteil mit steigendem Druck zunehmen.

2.2 a) Bei 200 °C ist die Reaktionsgeschwindigkeit zu gering, das Gleichgewicht stellt sich nicht schnell genug ein. Ohne Katalysator müsste man bei sehr hoher Temperatur arbeiten, um die notwendige Aktivierungsenergie aufzubringen. Dadurch liegt das Gleichgewicht aber sehr weit auf der Eduktseite, so dass nur geringe Produktausbeuten erhalten werden.

   b) Durch den Katalysator wird die Aktivierungsenergie erniedrigt, so kann bei niedrigeren Temperaturen gearbeitet werden. Auf die Gleichgewichtslage hat der Katalysator keinen Einfluss, da sowohl Hin- als auch Rückreaktion beschleunigt werden.

3.1 $$K = \frac{c(\text{Fe(SCN)}_3)}{c(\text{Fe}^{3+}) \cdot c^3(\text{SCN}^-)}$$

3.2 Bei Versuch 1 kommt es zu einer erhöhten Bildung des Eisenthiocyanats, bei Versuch 2 wird offensichtlich vermehrt Edukt (farblos) gebildet.
Durch Zugabe von Eisen(III)-chlorid im Gleichgewicht wird die Konzentration eines Edukts künstlich erhöht. Der Wert des Nenners im Massenwirkungsgesetz wird größer ($K < Q$), deshalb muss sich das Gleichgewicht neu einstellen bis der Wert von K, der ja konstant bleibt, wieder erreicht ist. Es wird also so lange neues Produkt gebildet (Farbvertiefung) und Edukt verbraucht, bis das im Gleichgewicht vorherrschende Verhältnis wieder erreicht ist.
Durch die Zugabe von Silbernitrat-Lösung wird die Konzentration von SCN^--Ionen erniedrigt, da diese aus der Lösung ausgefällt werden. Der Wert des Nenners im Massenwirkungsgesetz wird kleiner ($K > Q$). Auch hier muss sich das Gleichgewicht wieder neu einstellen, bis der Wert von K wieder erreicht ist. Es

wird also so lange neues Edukt gebildet (Farbaufhellung) und Produkt verbraucht, bis das im Gleichgewicht vorherrschende Verhältnis wieder erreicht ist.

Punkteschlüssel						
Note	sehr gut	gut	befriedigend	ausreichend	mangelhaft	ungenügend
BE	ab 25,5 bis 30	ab 21 bis 25	ab 16,5 bis 20,5	ab 12 bis 16	ab 7,5 bis 11,5	< 7,5

BE

1   Bei einem Chemieunfall gelangte eine unbekannte Chemikalie in ein Auffangbecken des Betriebs. Eine Vorprobe mit dem Indikator Bromthymolblau ergab eine Gelbfärbung des verseuchten Wassers. Chemiker versuchten die Anfangskonzentration der Chemikalie durch ein Titrationsverfahren zu identifizieren. Dabei ergab sich nebenstehendes Diagramm.

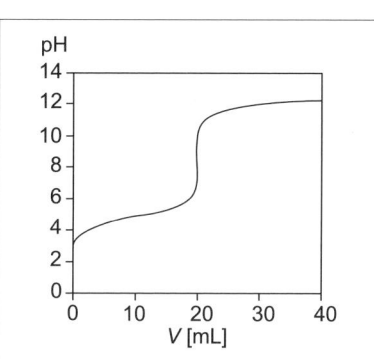

1.1   Skizzieren Sie einen beschrifteten Versuchsaufbau unter Angabe der verwendeten Chemikalien, mit dessen Hilfe nebenstehende Titrationskurve aufgezeichnet werden kann.   5

1.2   Berechnen Sie die Ausgangskonzentration des unbekannten Stoffes HA in dem verseuchten Wasser. Leiten Sie dabei alle benötigten Größen aus dem Diagramm ab. Gehen Sie bei ihrer Berechnung vom Massenwirkungsgesetz aus.   9

1.3   Bei dem beschriebenen Titrationsverfahren tropften die Chemiker nach Zugabe von 30 mL Maßlösung a) Lackmus bzw. b) Phenolphthalein zu dem Gemisch. Geben Sie an, welche Farben die jeweiligen Lösungen a bzw. b haben.   2

2   Der Wert des Ionenprodukts K_w von Wasser ist u. a. abhängig von der Temperatur des Wassers:

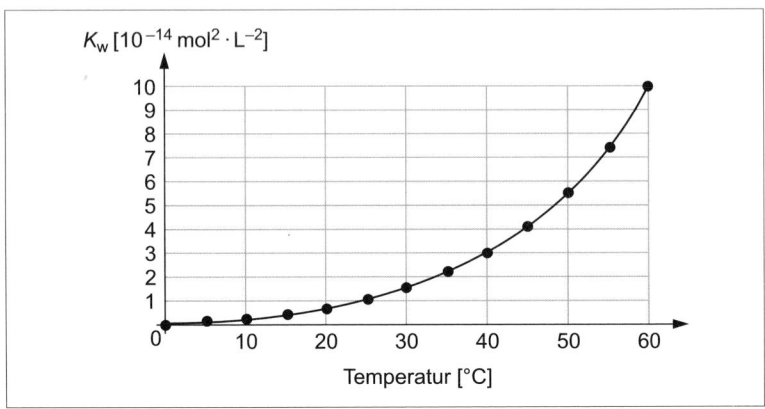

$K_w [10^{-14} \text{ mol}^2 \cdot L^{-2}]$

Temperatur [°C]

Geben Sie den pH-Wert von destilliertem Wasser bei einer Temperatur von 40 °C an. 4

3.1 Bei einem Chemieunfall gelangte eine unbekannte, stark riechende Säure in den nahe gelegenen Fluss. Chemiker versuchten, die Säure durch Titration des Flusswassers zu identifizieren.

Unter der Annahme, dass sich im Fluss keine Substanzen (außer der beschriebenen Säure) befinden, die den pH-Wert beeinflussen, ergaben sich bei dem durchgeführten Experiment folgende Messwerte:

Volumen in mL	0	2	4	6	7	8	9	10	12	14
pH-Wert	5,3	6,5	6,9	6,9	7,2	8,4	9,7	9,9	10	10

Ermitteln Sie anhand der Messdaten und Ihnen zur Verfügung stehender tabellierter Werte, um welche Säure es sich bei dem Unfall handeln müsste und begründen Sie ihre Wahl unter Zuhilfenahme eines Diagramms. 5

3.2 Gemäß §1 (Anhang 1) der Fischgewässerqualitätsverordnung vom 26. 9. 1997 beträgt der zulässige Grenzwert 0,025 mg Ammoniak in einem Liter eines Forellen-Aufzuchtgewässers. In regelmäßigen Abständen wird deshalb der pH-Wert einer Probe mit $V = 100$ mL gemessen, um die Ammoniak-Konzentration zu überprüfen.
Berechnen Sie, bei welchem pH-Wert die Forellenzucht in dem Gewässer nach den entsprechenden gesetzlichen Regelungen eingestellt werden muss, wenn der pH-Wert des Gewässers nur durch Ammoniak beeinflusst wird. Leiten Sie ihre Berechnungen vom Massenwirkungsgesetz her ab.
(Sollten Sie keinen Wert für $c_0(NH_3)$ ermitteln können, rechnen Sie mit einer Konzentration von $1,5 \cdot 10^{-3}$ mmol $\cdot L^{-1}$ weiter). 9

4.1 Geben Sie die Farben der Indikatoren Bromthymolblau und Phenolphthalein in saurer Lösung an. 2

4.2 Um den Fluorid-Ionengehalt einer Zahnpasta zu ermitteln, wurde der pH-Wert einer Zahnpasta-Lösung gemessen. Die Messung ergab einen pH-Wert von 8,3.

Berechnen Sie die Ausgangskonzentration der Fluorid-Ionen in der Lösung unter der Annahme, dass für den pH-Wert der Lösung allein die Fluorid-Ionen maßgeblich sind. 7

43

Lösung

Inhalte: Säure-Base-Chemie, Indikator, Titration, Massenwirkungsgesetz, Ionenprodukt, ph-Wert

1.1

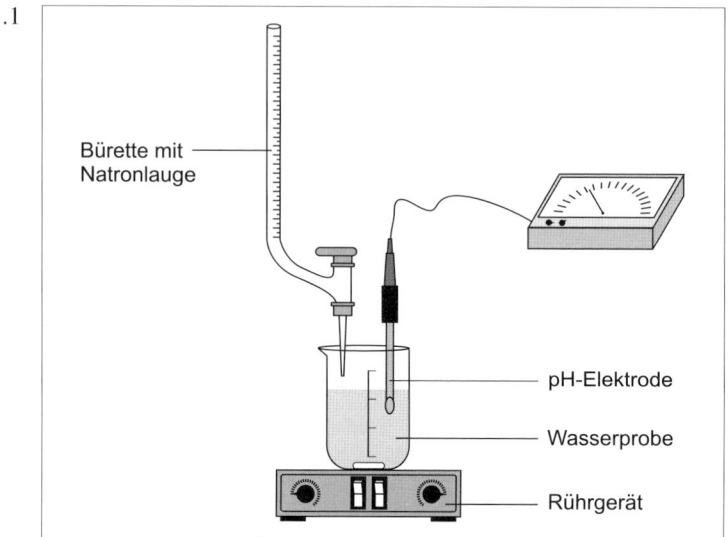

Bürette mit Natronlauge

ph-Elektrode

Wasserprobe

Rührgerät

1.2 *Hinweis: Für die Berechnung der gesuchten Anfangskonzentration $c_0(HA)$ müssen alle benötigten Größen der Titrationskurve entnommen werden.*

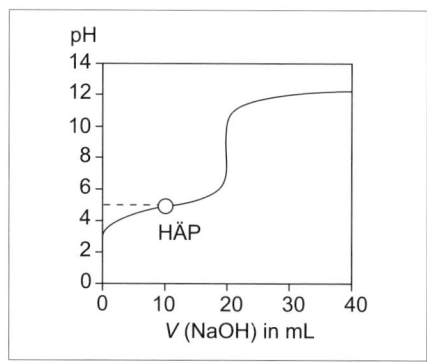

Ermittlung des pK_S-Werts:

Hinweis: Am Halbäquivalenzpunkt (HÄP) der Titration (erster Wendepunkt der Titrationskurve) entspricht der pH-Wert der Lösung dem pK_S-Wert der unbekannten Säure.

Am Halbäquivalenzpunkt gilt: $pH_{HÄP} = pK_S = 5$

Ermittlung des Anfangs-pH-Werts:

Hinweis: Der pH-Wert zu Beginn der Titration ist für die weitere Berechnung entscheidend und kann aus dem Diagramm abgelesen werden, in dem man den pH-Wert abliest bevor Maßlösung zugetropft wurde, d. h. den pH-Wert bei $V(Maßlösung) = 0$ mL.

Die Auswertung des Diagramms ergibt für den Anfangs-pH-Wert: $pH_{0\,mL} = 3$

Aufstellen des Massenwirkungsgesetzes:

Mit

$$HA + H_2O \rightleftharpoons H_3O^+ + A^-$$

gilt:

$$K_c = \frac{c(H_3O^+) \cdot c(A^-)}{c(HA) \cdot c(H_2O)}$$

$$K_c \cdot c(H_2O) = K_S = \frac{c(H_3O^+) \cdot c(A^-)}{c(HA)}$$

zur Vereinfachung wird festgelegt:

$c(H_3O^+) = c(A^-)$ und $c(HA) \sim c_0(HA)$

Damit gilt:

$$K_S = \frac{c^2(H_3O^+)}{c_0(HA)}$$

$$c_0(HA) = \frac{c^2(H_3O^+)}{K_S} = \frac{(10^{-3} \text{ mol} \cdot \text{L}^{-1})^2}{10^{-5} \text{ mol} \cdot \text{L}^{-1}} = 0{,}1 \text{ mol} \cdot \text{L}^{-1}$$

1.3 Die Indikatoren haben unter den angegebenen Bedingungen folgende Farben: Lackmus ist blau und Phenolphthalein pink.

2 In Wasser findet folgende Autoprotolyse-Reaktion statt:

$$H_2O + H_2O \rightleftharpoons H_3O^+ + OH^-$$

Das Ionenprodukt des Wassers lautet: $K_w = c(H_3O^+) \cdot c(OH^-)$
Aus dem Diagramm lässt sich der Wert für K_w bei 40 °C ermitteln:
$K_w = 3 \cdot 10^{-14} \text{ mol}^2 \cdot \text{L}^{-2}$

Aus stöchiometrischen Gründen gilt: $c(H_3O^+) = c(OH^-)$

$$c(H_3O^+) = \sqrt{K_w} = \sqrt{3 \cdot 10^{-14} \ \text{mol}^2 \cdot \text{L}^{-2}} = 1{,}73 \cdot 10^{-7} \ \text{mol} \cdot \text{L}^{-1}$$

$$pH = -\lg\{c(H_3O^+)\} = 6{,}8$$

3.1 ✏ *Hinweis: Für die Lösung der Aufgabe ist eine Liste mit tabellierten pK_S-Werten in einer Formelsammlung oder im Rahmen der Klausur erforderlich. Der pK_S-Wert ist eine Stoffkonstante und kann demensprechend herangezogen werden, um Substanzen zu identifizieren.*

Als Vergleichsgröße dient der pK_S-Wert der zu ermittelnden Säure. Dieser entspricht dem pH-Wert am ersten Wendepunkt (Halbäquivalenzpunkt) der Kurve. Im vorliegenden Fall ist der pK_S somit ungefähr 6,9. Dies deutet darauf hin, dass es sich bei der unbekannten Säure um Schwefelwasserstoff (H_2S) handelt.

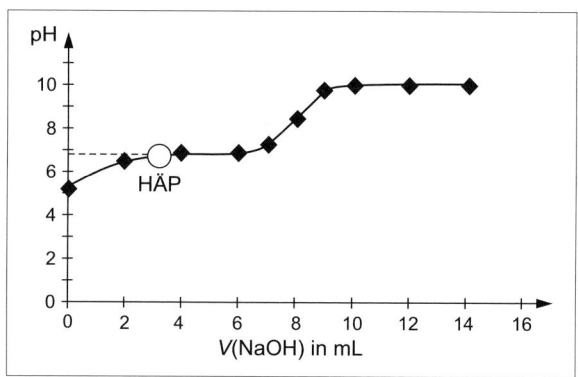

3.2 gegeben: $m_0(NH_3) = 0{,}025$ mg; V(Probe) = 100 mL

✏ *Hinweis: Aus der Formelsammlung und dem Periodensystem lassen sich folgende weitere Werte ermitteln:*

Basenkonstante von Ammoniak: $pK_B(NH_3) = 4{,}75$
molare Masse $M(NH_3) = 17$ g $\cdot$ mol^{-1}

Ammoniak reagiert mit Wasser gemäß folgender Gleichgewichtsgleichung:

$$NH_3 + H_2O \ \rightleftharpoons \ NH_4^+ + OH^-$$

Berechnung der Anfangskonzentration von Ammoniak in der Probelösung:
Wenn in einem Liter 0,025 mg Ammoniak gelöst sein dürfen, dann wären in den 100 mL der Probelösung maximal ein Zehntel davon erlaubt, d. h. wenn $m_0(NH_3)$ in 1 L = 0,025 mg dann gilt für 100 mL:
$m_0(NH_3) = 0{,}0025$ mg

Mithilfe der molaren Masse $M(NH_3)$ lässt sich die Stoffmenge $n(NH_3)$ berechnen:

$$n_0(NH_3) = \frac{m_0(NH_3)}{M(NH_3)} = \frac{0{,}0025 \text{ mg}}{17 \text{ mg} \cdot \text{mmol}^{-1}} = 1{,}47 \cdot 10^{-4} \text{ mmol}$$

Bezogen auf das Probenvolumen von 100 mL ergibt sich für die Stoffmengenkonzentration $c(NH_3)$:

$$c_0(NH_3) = \frac{n_0(NH_3)}{V} = \frac{1{,}47 \cdot 10^{-4} \text{ mmol}}{0{,}1 \text{ L}} = 1{,}47 \cdot 10^{-3} \text{ mmol} \cdot \text{L}^{-1}$$

Diese Konzentration wird nun für die Berechnung des pH-Wertes benötigt, indem das Massenwirkungsgesetzt folgendermaßen umgeformt wird:

$$K_c = \frac{c(NH_4^+) \cdot c(OH^-)}{c(NH_3) \cdot c(H_2O)} \quad \Rightarrow \quad K_B = K_c \cdot c(H_2O) = \frac{c(NH_4^+) \cdot c(OH^-)}{c(NH_3)}$$

Mit $c(NH_4^+) = c(OH^-)$ und der vereinfachenden Annahme $c(NH_3) \sim c_0(NH_3)$ gilt:

$$K_B = \frac{c^2(OH^-)}{c_0(NH_3)}$$

Die Gleichung wird nach $c(OH^-)$ aufgelöst:

$$c(OH^-) = \pm \sqrt{10^{-pK_B} \cdot c_0(NH_3)}$$
$$= \sqrt{10^{-4{,}75} \text{ mol} \cdot \text{L}^{-1} \cdot 1{,}47 \cdot 10^{-6} \text{ mol} \cdot \text{L}^{-1}}$$
$$= 5{,}11 \cdot 10^{-6} \text{ mol} \cdot \text{L}^{-1}$$

Hinweis: Mathematisch gibt es beim Auflösen dieser Gleichung zwar einen positiven und einen negativen Wert, chemisch betrachtet ist jedoch nur der positive Wert sinnvoll.

Daraus können der pOH-Wert und der pH-Wert ermittelt werden:

pOH = $-\lg c(OH^-)$ = 5,3
pH = 14 $-$ pOH = 14 $-$ 5,3 = 8,7

Der pH-Wert in dem Forellenteich darf nicht größer als 8,7 werden.

4.1 In saurer Lösung ist Bromthymolblau gelb und Phenolphthalein farblos.

4.2 gegeben: pH = 8,3

Hinweis: Aus der Formelsammlung und dem Periodensystem lassen sich folgende weitere Werte ermitteln:

Basenkonstante von Fluorid: $pK_B(F^-)$ = 10,86

gesucht: $c_0(F^-)$

$$F^- + H_2O \rightleftharpoons HF + OH^-$$

$$pOH = 14 - pH = 14 - 8{,}3 = 5{,}7$$

$$c(OH^-) = 10^{-pOH} \text{ mol} \cdot L^{-1} = 10^{-5{,}7} \text{ mol} \cdot L^{-1}$$

$$K_B(F^-) = 10^{-pK_B} \text{ mol} \cdot L^{-1} = 10^{-10{,}86} \text{ mol} \cdot L^{-1}$$

Aus der Umstellung des Massenwirkungsgesetzes und der Näherung $c(HF) \approx c(OH^-)$ folgt:

$$c(OH^-) = \sqrt{c_0(F^-) \cdot K_B(F^-)}$$

$$c^2(OH^-) = c_0(F^-) \cdot K_B(F^-)$$

$$c_0(F^-) = \frac{c^2(OH^-)}{K_B(F^-)} = \frac{(10^{-5{,}7} \text{ mol} \cdot L^{-1})^2}{10^{-10{,}86} \text{ mol} \cdot L^{-1}} = 0{,}29 \text{ mol} \cdot L^{-1}$$

Punkteschlüssel							
Punkte	15	14	13	12	11	10	9	8
BE	ab 41,5 bis 43	ab 39 bis 41	ab 37 bis 38,5	ab 35 bis 36,5	ab 32,5 bis 34,5	ab 30,5 bis 32	ab 28,5 bis 30	ab 26 bis 28
Punkte	7	6	5	4	3	2	1	0
BE	ab 24 bis 25,5	ab 22 bis 23,5	ab 20 bis 21,5	ab 17,5 bis 19,5	ab 14,5 bis 17	ab 11,5 bis 14	ab 8,5 bis 11	< 8,5

BE

1   Silber ist das Metall mit der größten elektrischen Leitfähigkeit und ist deshalb in der Elektrotechnik ein gefragtes Ausgangsmaterial. Durch die Industrialisierung Chinas und Indiens stieg der weltweite Bedarf an Silber und damit auch sein Weltmarktpreis enorm an. Deshalb versuchen Unternehmen alternative Verfahren zum Aufspüren neuer Lagerstätten. Eine Methode, den Silbergehalt einer Probe zu ermitteln, wäre dabei die Umsetzung des Erzes mit orangen Dichromat ($Cr_2O_7^{2-}$)-Anionen, die mit Silber zu Silber(I)-Ionen und grünen Cr(III)-Ionen reagieren. Der Farbumschlag von orange nach grün zeigt dabei das Vorhandensein von Silber an.

1.1   Formulieren Sie die Teilgleichungen und die Gesamtgleichung für das beschriebene Nachweisverfahren.   7

1.2   Um eine Vorhersage über den Ablauf dieser chemischen Reaktion machen zu können, werden die Standard-Redoxpotenziale der beteiligten Stoffe benötigt. Messungen ergaben dabei folgende Werte: $E^0(Ag/Ag^+) = 0,8$ V; $E^0(Cr^{3+}/Cr_2O_7^{2-}) = 1,33$ V.

    a)   Skizzieren Sie einen beschrifteten Versuchsaufbau, um das Standardredoxpotenzial $E^0(Ag/Ag^+)$ zu messen. Kennzeichnen Sie in ihrer Skizze Anode, Kathode und die Wanderungsrichtung der Elektronen.   8

    b)   Berechnen Sie, ob die unter 1.1 beschriebene Reaktion bei einem pH-Wert von 3 abläuft, wenn ansonsten Standardbedingungen herrschen.   10

2   In Rhabarber-Pflanzen reichern sich im Jahresverlauf Oxalat ($C_2O_4^{2-}$)-Ionen an, sodass die Blätter ab Mitte Juni für Menschen meistens nicht mehr genießbar sind. Mithilfe von Permanganat (MnO_4^-)-Ionen lässt sich der Oxalat-Gehalt der Blätter bestimmen. Bei dieser Reaktion entstehen in saurer Umgebung Kohlenstoffdioxid und Mangan(II)-Ionen.
Formulieren Sie die vollständige Redoxgleichung mit Teilgleichungen für diesen Prozess.   7

3   In gepökelten Wurstwaren sind Nitrit-Ionen enthalten, die im Verdacht stehen, beim Menschen krebserregend zu sein. Ein Nachweisverfahren, um den Nitrit-Ionengehalt zu bestimmen, ist die sogenannte Manganometrie. Dabei werden die Nitrit-Ionen in stark verdünnter Natronlauge mit Permanganat (MnO_4^-)-Anionen versetzt. Es entstehen dabei farblose Nitrat-Ionen und braunes Mangan(IV)-oxid.
Erstellen Sie die Redoxgleichung (mit Teilgleichungen) für diesen Prozess.   <u>7</u>
    39

Lösung

Inhalte: Redoxreaktionen, Standard-Redoxpotenzial, Halbzelle, Nernst'sche Gleichung

1.1

Red.: $\overset{+6}{Cr_2}O_7^{2-} + 6\,e^- + 14\,H_3O^+ \longrightarrow 2\,\overset{+3}{Cr}^{3+} + 21\,H_2O$

Ox.: $\overset{0}{Ag} \longrightarrow \overset{+1}{Ag}^+ + e^- \qquad |\cdot 6$

Redox.: $6\,Ag + Cr_2O_7^{2-} + 14\,H_3O^+ \longrightarrow 6\,Ag^+ + 2\,Cr^{3+} + 21\,H_2O$

1.2 a) ✎ *Hinweis: Zur Messung des Standard-Redoxpotenzials einer galvanischen Halbzelle muss diese unter Standardbedingungen mit der Standardwasserstoffelektrode kombiniert werden. Da die Standardwasserstoffelektrode per Definition das Redoxpotenzial 0 V hat, entspricht dann die gemessene Leerlaufspannung in diesem galvanischen Element dem Redoxpotenzial der zweiten Halbzelle.*

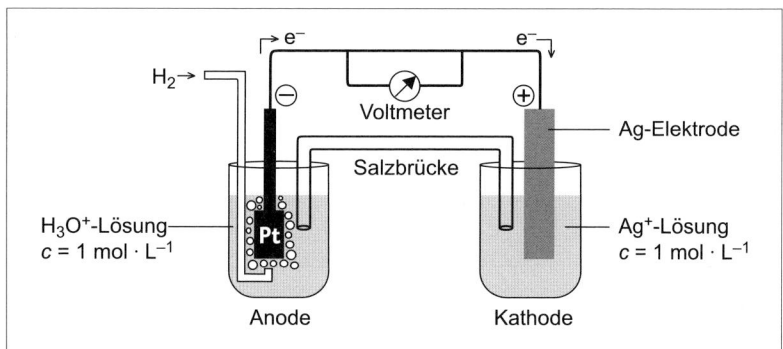

b) ✎ *Hinweis: Die Entscheidung über den Ablauf einer Redoxreaktion erfolgt durch Vergleich der Redoxpotenziale der Oxidations- und Reduktionsmittel. Diese werden mithilfe der Nernst'schen Gleichung ermittelt.*

In der Aufgabe sind folgende Größen gegeben:
$pH = 3$; $E^0(Ag/Ag^+) = 0,8$ V; $E^0(Cr^{3+}/Cr_2O_7^{2-}) = 1,33$ V

✎ *Hinweis: Bei dieser Redoxreaktion ist Silber ein Reduktionsmittel, das oxidiert werden soll.*

$E(\text{Redm}) = E(Ag/Ag^+)$

✎ *Hinweis: Der Blick auf die Oxidationsteilgleichung, zeigt, dass diese Reaktion nur abhängig von der Silber-Ionen-Konzentration ist. Da hier laut Angabe Standardbedingungen gelten, gilt:*

$E(\text{Redm}) = E(\text{Ag}/\text{Ag}^+) = E^0(\text{Ag}/\text{Ag}^+) = 0,8 \text{ V}$

✔ *Hinweis: Das Redoxpotenzial des $Cr_2O_7^{2-}/Cr^{3+}$-Systems ist dagegen abhängig vom pH-Wert und den Konzentrationen der Dichromat- und Chrom(III)-Ionen.*

Es herrschen bis auf den pH-Wert Standardbedingungen:

$c(H_2O) = 1 \text{ mol} \cdot L^{-1}$

$c(Cr_2O_7^{2-}) = c(Cr^{3+}) = 1 \text{ mol} \cdot L^{-1}$ und

$c(H_3O^+) = 10^{-pH} = 10^{-3} \text{ mol} \cdot L^{-1}$

✔ *Hinweis: Einsetzen dieser Konzentrationen in die Nernst'sche Gleichung liefert folgenden Zahlenwert für das Redoxpotenzial $E(Cr^{3+}/Cr_2O_7^{2-})$:*

$$E(\text{Oxm}) = E(Cr^{3+}/Cr_2O_7^{2-}) =$$

$$= E^0(Cr^{3+}/Cr_2O_7^{2-}) + \frac{0,059 \text{ V}}{z} \cdot \lg \frac{[c(Cr_2O_7^{2-}) \cdot c^{14}(H_3O^+)]}{[c^2(Cr^{3+}) \cdot c^{21}(H_2O)]}$$

$$= 1,33 \text{ V} + \frac{0,059 \text{ V}}{6} \cdot \lg \frac{[1 \cdot (10^{-3})^{14}]}{1^2 \cdot 1^{21}} = 0,92 \text{ V}$$

Eine Redoxreaktion läuft ab, wenn die Differenz aus $E(\text{Oxm}) - E(\text{Redm})$ größer als Null ist:

$\Delta E = E(\text{Oxm}) - E(\text{Redm}) = E^0(Cr^{3+}/Cr_2O_7^{2-}) - E^0(\text{Ag}/\text{Ag}^+)$
$= 0,92 \text{ V} - 0,8 \text{ V} = 0,12 \text{ V} > 0$

$\Rightarrow$ Reaktion läuft ab.

2

Red.: $\overset{+7}{\text{Mn}}\text{O}_4^- + 5\,e^- + 8\,H_3O^+ \longrightarrow \overset{+2}{\text{Mn}}^{2+} + 12\,H_2O \qquad | \cdot 2$

Ox.: $\overset{+3}{\text{C}_2}\text{O}_4^{2-} \longrightarrow 2\,\overset{+4}{\text{C}}\text{O}_2 + 2\,e^- \qquad | \cdot 5$

Redox.: $5\,C_2O_4^{2-} + 2\,MnO_4^- + 16\,H_3O^+ \longrightarrow 10\,CO_2 + 2\,Mn^{2+} + 24\,H_2O$

3

Red.: $\overset{+7}{\text{Mn}}\text{O}_4^- + 3\,e^- + 2\,H_2O \longrightarrow \overset{+4}{\text{Mn}}\text{O}_2 + 4\,OH^- \qquad | \cdot 2$

Ox.: $\overset{+3}{\text{N}}\text{O}_2^- + 2\,OH^- \longrightarrow \overset{+5}{\text{N}}\text{O}_3^- + 2\,e^- + H_2O \qquad | \cdot 3$

Redox.: $2\,MnO_4^- + 3\,NO_2^- + H_2O \longrightarrow 2\,MnO_2 + 3\,NO_3^- + 2\,OH^-$

Punkteschlüssel							
Punkte	15	14	13	12	11	10	9	8
BE	ab 37,5 bis 39	ab 35,5 bis 37	ab 33,5 bis 35	ab 31,5 bis 33	ab 29,5 bis 31	ab 27,5 bis 29	ab 25,5 bis 27	ab 23,5 bis 25
Punkte	7	6	5	4	3	2	1	0
BE	ab 21,5 bis 23	ab 20 bis 21	ab 18 bis 19,5	ab 16 bis 17,5	ab 13,5 bis 15,5	ab 10,5 bis 13	ab 7,5 bis 10	< 7,5

BE

1.1 Skizzieren Sie folgendes galvanisches Element: $Fe/Fe^{3+} \parallel Au^{3+}/Au$ unter Standardbedingungen, beschriften Sie ihre Zeichnung unter Verwendung von Fachbegriffen und kennzeichnen Sie die Vorgänge an den Elektrodenoberflächen. 7

1.2 Berechnen Sie die Leerlaufspannung dieses galvanischen Elements unter Standardbedingungen. 2

1.3 Zur Gewinnung von Platin aus einer 1 molaren, wässrigen Pt^{2+}-Lösung kann man Platin an einem in die Lösung tauchenden Metallstab abscheiden. Wählen Sie aus folgenden Metallen jenes aus, das für die Abscheidung geeignet ist: Gold, Kupfer. Begründen Sie ihre Entscheidung rechnerisch. 5

2 In einem Laborexperiment reagiert Propan-1,3-diol in saurer Umgebung mithilfe von Permanganat-Ionen (MnO_4^-) zu Propan-1,3-dial und Mn(II)-Ionen. Formulieren Sie die vollständige Redoxgleichung (mit Teilgleichungen) für diese Reaktion. 6

3 Zur Bestimmung des Atemalkohol-Gehaltes wurden bei Verkehrskontrollen früher sogenannte „Blasröhrchen" eingesetzt. Diese enthalten orange gefärbte Dichromat $(Cr_2O_7^{2-})$-Anionen. Der Verkehrsteilnehmer musste zu Testzwecken bei der Probe seine feuchte Atemluft durch das Röhrchen pusten. Dabei reagieren in der feuchten, sauren Umgebung die orangen Dichromat-Anionen $(Cr_2O_7^{2-})$ mit dem in der Atemluft enthaltenen Ethanol zu grün gefärbten Cr^{3+}-Ionen und Ethansäure. Formulieren Sie die vollständige Redoxgleichung (mit Teilgleichungen) für diese Reaktion. 6

4.1 Sulfit-Ionen sollen in saurer Lösung mithilfe von Iodat (IO_3^-)-Ionen zu Sulfat-Ionen reagieren. Das gebildete Iod ließe sich dann mithilfe von Stärke identifizieren. Formulieren Sie eine vollständige Redoxgleichung für diesen Prozess. 6

4.2 Ermitteln Sie rechnerisch, ob die unter 4.1 beschriebene Reaktion unter Standardbedingungen abläuft, wenn für $E^0(I_2/IO_3^-) = +1{,}20$ V und $E^0(SO_3^{2-}/SO_4^{2-}) = +0{,}20$ V gilt. 3
35

127

Lösung

Inhalte: Galvanische Elemente, Leerlaufspannung, Redoxreaktionen, Standard-Redox-potenzial

1.1 ✔ *Hinweis: Um die Vorgänge an den Elektroden wie gefordert darstellen zu können, muss man wissen, wo die Oxidation und wo die Reduktion stattfindet. Dabei gilt, dass das edlere Metall reduziert und das unedlere oxidiert wird. Es gilt dabei folgender Grundsatz: Je kleiner das Redoxpotenzial (siehe Formel-sammlung) ist, desto größer ist sein Reduktionsvermögen.*

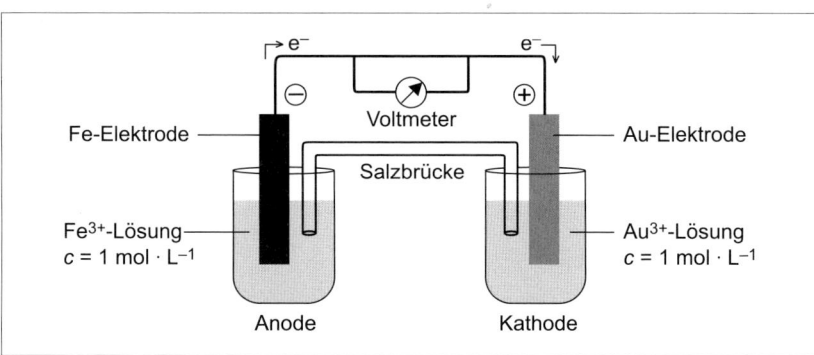

Oxidation an der Eisen-Elektrode:

$$Fe \longrightarrow Fe^{3+} + 3\,e^-$$

Reduktion an der Gold-Elektrode:

$$Au^{3+} + 3\,e^- \longrightarrow Au$$

1.2 ✔ *Hinweis: Die für die erforderliche Rechnung nötigen Standard-Redoxpoten-ziale erhält man aus der Formelsammlung, die in der Regel für Klausuren zuge-lassen ist. Ansonsten müssen die Werte in der Klausur angegeben sein.*

Unter Standardbedingungen gilt:

$$U_L = E^0{}_{Kathode} - E^0{}_{Anode} = E^0(Au/Au^{3+}) - E^0(Fe/Fe^{3+})$$
$$= 1,42\ V - (-0,04\ V) = 1,46\ V$$

1.3 ✔ *Hinweis: Wie unter 1.2 müssen die erforderlichen Standard-Redoxpotenziale der Formelsammlung bzw. der Klausur entnommen werden. Zur Beantwortung der Frage muss man überlegen, ob sich Pt^{2+}-Ionen mit elementarem Gold oder Kupfer reduzieren lassen.*

Zur Beantwortung der Frage muss entschieden werden, ob folgende Redox-reaktionen ablaufen:

Fall 1:

$$Pt^{2+} + Au \longrightarrow ? \qquad \text{oder}$$

Fall 2:

$$Pt^{2+} + Cu \longrightarrow ?$$

Allgemein laufen Redoxreaktionen ab, wenn $\Delta E^0 = E^0(\text{Oxm}) - E^0(\text{Redm}) > 0$

Fall 1:

Pt^{2+}-Ionen werden reduziert $\Rightarrow Pt^{2+}$ ist das Oxidationsmittel und Au das Reduktionsmittel

$\Rightarrow \Delta E^0 = E^0(Pt/Pt^{2+}) - E^0(Au/Au^{3+}) = 1{,}20\ V - 1{,}42\ V = -0{,}22\ V < 0$

$\Rightarrow$ keine Reaktion

Pt^{2+}-Ionen lassen sich also mit elementarem Gold nicht zu Platin reduzieren.

Fall 2:

Pt^{2+}-Ionen werden reduziert $\Rightarrow Pt^{2+}$ ist das Oxidationsmittel und Cu das Reduktionsmittel

$\Rightarrow \Delta E^0 = E^0(Pt/Pt^{2+}) - E^0(Cu/Cu^{2+}) = 1{,}20\ V - 0{,}34\ V = 0{,}86\ V > 0$

$\Rightarrow$ Reaktion läuft ab

Pt^{2+}-Ionen lassen sich mit elementarem Kupfer zu Platin reduzieren, deshalb ist das Metall Kupfer prinzipiell für die Abscheidung geeignet.

2

Red.: $MnO_4^- + 5\ e^- + 8\ H_3O^+ \longrightarrow Mn^{2+} + 12\ H_2O \qquad |\cdot 4$

Ox.:

Redox.: $4\ MnO_4^- + 12\ H_3O^+ + 5$ Propandiol $\longrightarrow 4\ Mn^{2+} + 28\ H_2O + 5$ Propandial

3

Red.: $\overset{+6}{Cr_2}O_7^{2-} + 6\ e^- + 14\ H_3O^+ \longrightarrow 2\ \overset{+3}{Cr}^{3+} + 21\ H_2O \qquad |\cdot 2$

Ox.:

Redox.: $2\ Cr_2O_7^{2-} + 16\ H_3O^+ + 3$ Ethanol $\longrightarrow 4\ Cr^{3+} + 27\ H_2O + 3$ Ethansäure

129

4.1

Red.: $2 \overset{+5}{IO_3^-} + 10\,e^- + 12\,H_3O^+ \longrightarrow \overset{0}{I_2} + 18\,H_2O$

Ox.: $\overset{+4}{SO_3^{2-}} + 3\,H_2O \longrightarrow \overset{+6}{SO_4^{2-}} + 2\,e^- + 2\,H_3O^+ \mid \cdot 5$

Redox.: $2\,IO_3^- + 5\,SO_3^{2-} + 2\,H_3O^+ \longrightarrow I_2 + 5\,SO_4^{2-} + 3\,H_2O$

4.2 ✓ *Hinweis: Die für die erforderliche Rechnung nötigen Standard-Redoxpotenziale erhält man aus der Formelsammlung, die in der Regel für Klausuren zugelassen ist. Ansonsten müssen die Werte in der Klausur angegeben sein.*

Zur Beantwortung der Frage muss entschieden werden, ob Redoxreaktionen ablaufen.

Allgemein laufen Redoxreaktionen ab, wenn $\Delta E^0 = E^0(Oxm) - E^0(Redm) > 0$

Bei der beschriebenen Reaktion wirken die Iodat-Ionen als Oxidationsmittel (sie werden selber reduziert) und die Sulfit-Ionen als Reduktionsmittel, das oxidiert wird.

$\Delta E^0 = E^0(Oxm) - E^0(Redm) = E^0(I_2 / IO_3^-) - E^0(SO_3^{2-} / SO_4^{2-})$
$= 1,20\,V - (+0,20\,V) = +1,00\,V > 0$

Da die Differenz der beiden Standard-Redoxpotenziale größer als 0 ist, läuft die Reaktion unter Standardbedingungen ab.

Punkteschlüssel							
Punkte	15	14	13	12	11	10	9	8
BE	ab 33,5 bis 35	ab 32 bis 33	ab 30 bis 31,5	ab 28,5 bis 29,5	ab 26,5 bis 28	ab 25 bis 26	ab 23 bis 24,5	ab 21,5 bis 22,5
Punkte	7	6	5	4	3	2	1	0
BE	ab 19,5 bis 21	ab 18 bis 19	ab 16,5 bis 17,5	ab 14,5 bis 16	ab 12 bis 14	ab 9,5 bis 11,5	ab 7 bis 9	< 7

BE

Aufgabe 1: Korrosion und Korrosionsschutz
Aufgabenstellung

1.1 Deuten und erläutern Sie die unterschiedlichen Beobachtungen in den vier Kammern der Petrischale direkt nach Zugabe der Metalle und nach einer bzw. mehreren Minuten.

12

1.2 Übertragen Sie die Ergebnisse des Versuchs mit den Inhaltsstoffen des Heatermeals auf den Korrosionsschutz an Schiffen. Vergleichen Sie dabei die Funktion des jeweils unedleren Materials und erklären Sie die Funktion des Salzwassers.

5

1.3 Beurteilen Sie, wie sinnvoll der Einsatz verschiedener miteinander verbundener Metalle beim Hausbau z. B. in Dachrinnen, Tank- oder Heizungsinstallationen ist.

4
___
21

Material

Verschiedenste Gebrauchsmetalle sind – je nach Einsatzgebiet – täglich den unterschiedlichsten Bedingungen wie Wind, Wasser oder auch sauren Lösungen bzw. Salzlösungen ausgesetzt.

Oft werden in einem Werkstück gleich mehrere unterschiedlich edle Metalle verbaut. Ein nicht ganz alltägliches Einsatzgebiet für den Einsatz unterschiedlicher, miteinander verbundener Metalle sind Schiffsrümpfe, in denen Zinkplatten an den Stahlrümpfen angebracht sind (Abb. 1).

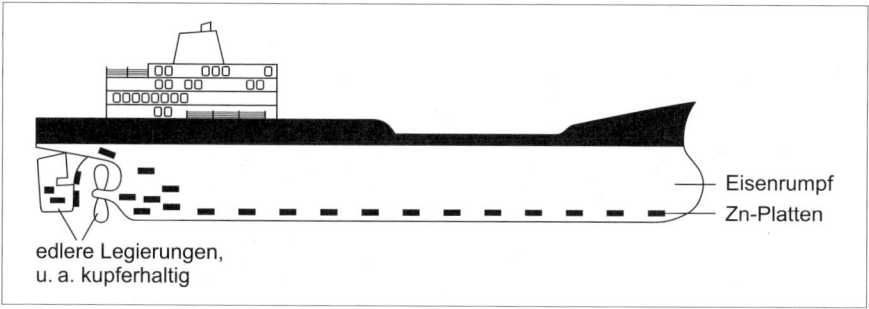

Abb. 1: Skizze eines Schiffs

Auch in sogenannten „Heatermeals" (Abb. 2) setzt man ganz bewusst die Mischung zweier Metalle einer Natriumchlorid-Lösung aus. In den „selbsterhitzenden" Wärmebeuteln befinden sich wasserdurchlässige Kammern mit einer Mischung aus ca. 95 % Magnesium und 5 % Eisen, zu denen man bei Bedarf eine gesättigte Kochsalzlösung schüttet. Die daraufhin ablaufenden chemischen Reaktionen sind derart exotherm, dass man in der nun kochenden Lösung sein Essen erwärmen kann.

Abb. 2: Verpackung Heatermeal

Um besser verstehen zu können, welche chemischen Reaktionen beim Erhitzen der Heatermeals ablaufen, führt man mit den Inhaltsstoffen und weiteren Nachweisreagenzien die im Folgenden beschriebenen Versuche durch.

Versuchsdurchführung und jeweilige Beobachtungen:

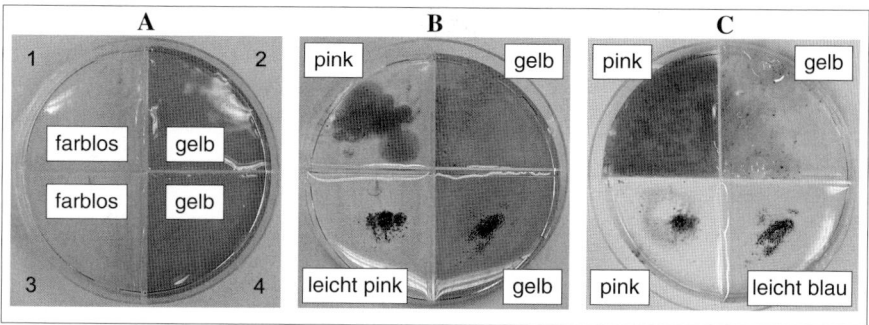

Abb. 3: vor Zugabe der Metalle

Abb. 4: direkt nach Zugabe der Metalle

Abb. 5: ca. 1 Minute später

A: In eine viergeteilte Petrischale wird in alle vier Kammern eine gesättigte Kochsalzlösung gegeben, die
- in Kammer Nr. 1 und Kammer Nr. 2 zusätzlich mit Phenolphthalein-Lösung und
- in Kammer Nr. 3 und Kammer Nr. 4 zusätzlich mit rotem Blutlaugensalz (siehe Zusatzinformation) versetzt sind.

Zu den Lösungen gibt man nun in Kammer
Nr. 1   Pulver aus Heatermeal
Nr. 2   Magnesiumpulver
Nr. 3   Pulver aus Heatermeal
Nr. 4   Eisenpulver

B: Direkt nach der Zugabe erkennt man in Kammer Nr. 1 und Kammer Nr. 3 eine heftige Gasentwicklung. In Kammer Nr. 2 sind wenige Bläschen zu erkennen. Das Gas in allen Kammern lässt sich in einem anderen Versuch als Wasserstoff identifizieren.
In Kammer Nr. 4 gibt es keine Gasentwicklung.
Die Pinkfärbung in Kammer Nr. 1 ist weitaus deutlicher als in Kammer Nr. 2.

C: Die gesamte Kammer Nr. 1 ist nun pink gefärbt.
Zudem erkennt man eine zunehmende Blaufärbung in Kammer Nr. 4, nicht aber in Kammer Nr. 3.
Nach ca. 15 Minuten ist eine Vertiefung der Blaufärbung deutlich wahrnehmbar.
Die Gasentwicklung in Kammer Nr. 1 und Kammer Nr. 3 lässt langsam nach, aber auch jetzt erkennt man immer noch keine Blaufärbung.

Zusatzinformationen
Versetzt man eine Lösung von rotem Blutlaugensalz [Kaliumhexacyanidoferrat(III)] mit Fe^{2+}-Ionen, so entsteht „lösliches Berliner Blau":

$$Fe^{2+} + K_3[Fe^{III}(CN)_6] \longrightarrow 2\,K^+ + K[Fe^{III}Fe^{II}(CN)_6]$$

Aufgabe 2: Elektrolyse wässriger Lösungen
Aufgabenstellung

2.1 Fertigen Sie eine Skizze des Versuchsaufbaus an. 2

2.2 Zeichnen Sie eine Strom-Spannungskurve für V2, beschreiben Sie den Verlauf des Graphen und bestimmen Sie zeichnerisch die tatsächliche Zersetzungsspannung. 4

2.3 Erläutern Sie, warum sich in V1 Chlor, in V2 aber Sauerstoff abscheidet, indem Sie die in beiden Versuchen theoretisch zu erwartende Spannung jeweils für die Bildung von Chlor/Wasserstoff und Sauerstoff/Wasserstoff berechnen.
Bestimmen Sie dabei auch die Summe der Überspannungen von Wasserstoff und Sauerstoff in V2. 11

2.4 Erklären Sie mithilfe von Abb. 6, inwiefern das Phänomen der Überspannung auch beim Amalgam-Verfahren (Chlor-Alkali-Elektrolyse) mitbestimmend ist. <u>4</u>

21

Material

Elektrolysen wässriger Lösungen spielen in der Wirtschaft eine vielfältige Rolle. So werden Chemikalien wie Chlor und Natronlauge beispielsweise in der sogenannten Chlor-Alkali-Elektrolyse u. a. nach dem Amalgam-Verfahren dargestellt.

Zum besseren Verständnis der Abläufe führt man im Labor zwei Elektrolysen einer Salzsäure durch:

Im ersten Versuch 1 (V1) beträgt $c(HCl) = 1 \; mol \cdot L^{-1}$. Es entwickeln sich am Pluspol Chlorgas und am Minuspol Wasserstoffgas.

Im zweiten Versuch (V2) beträgt $c(HCl) = 0{,}001 \; mol \cdot L^{-1}$. Es entwickeln sich am Pluspol Sauerstoffgas und am Minuspol Wasserstoffgas.

Die Aufnahme des Stroms in Abhängigkeit von der angelegten Spannung ergibt zudem in V2 folgende Werte:

U [V]	0	0,2	0,4	0,6	0,8	1,0	1,2	1,4	1,6	1,8	2,0	2,2	2,4
I [mA]	0	0	0	0	0	0,01	0,1	0,3	0,6	1,6	3,3	5,1	7,0

Weitere Messungen in anderen Versuchen für die Abscheidungspotenziale und Überpotenziale der beim Amalgam-Verfahren beteiligten Stoffe ergeben folgende Werte:

134

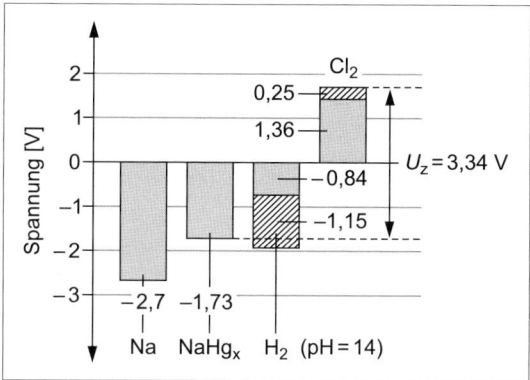

Abb. 6: Abscheidungspotentiale
(grau), Überpotentiale (schraffiert)
und Zersetzungsspannung beim
Amalgam-Verfahren

Aufgabe 3: Elektrolyse von Salzschmelzen
Aufgabenstellung

3.1 Formulieren Sie die Reaktionsgleichungen für die ablaufenden Reaktionen
und identifizieren Sie Anode und Kathode in der in Abb. 7 dargestellten
Elektrolysezelle.
Begründen Sie, warum keine Aluminiumsalz-Lösung für die Elektrolyse
eingesetzt werden kann.   3

3.2 Berechnen Sie die Masse an Aluminium, die in einer modernen Elektrolysezelle an einem Tag bei einer gleichbleibenden Stromstärke von
150 000 A hergestellt werden kann und den Strompreis für 1 kg Aluminium, den man als Privatstromkunde alleine für die Elektrolyse bezahlen
müsste.   8

3.3 Bewerten Sie die Sinnhaftigkeit der Strompreissubventionierung von ener-
gieintensiven Unternehmen sowie die Sinnhaftigkeit des Recyclings von
Aluminium.   <u>6</u>
     17

Material

Nach Eisen ist Aluminium das wichtigste Gebrauchsmetall, die Anfänge seiner großtechnischen Nutzung reichen allerdings gerade einmal etwa 115 Jahre zurück. Die
erste Elektrolyse-Anlage zur Gewinnung von Aluminium durch elektrolytische Spaltung von Aluminiumoxid wurde 1898 in Rheinfelden (Baden) in Betrieb genommen.
Zuvor war die Gewinnung von Aluminium ein äußerst kostspieliges Verfahren, so
dass noch zur Zeit Napoleons Aluminium teurer als Gold war. Die Gewinnung von
Aluminium erfolgt durch Schmelzflusselektrolyse von Aluminiumoxid in einer Ap-
paratur, wie sie in Abb. 7 schematisch dargestellt ist.

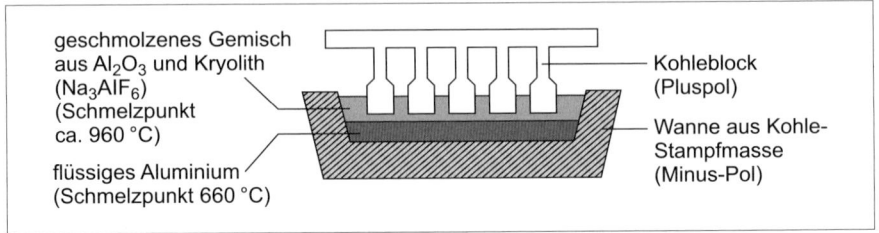

Abb. 7: Schematische Darstellung der Schmelzflusselektrolyse von Aluminium

Das benötigte Aluminiumoxid wird aus dem Mineral Bauxit bereits unter erheblichem Energieaufwand gewonnen. Der Schmelzpunkt von Al$_2$O$_3$ liegt bei 2 050 °C. Durch den Zusatz von Kryolith wird der Schmelzpunkt auf ca. 960 °C erniedrigt. Die nötige Energie für die Verflüssigung der Salze stammt aus dem bei der Elektrolyse fließenden Strom. In modernen Elektrolysezellen fließen nicht unerhebliche Ströme von bis zu 150 000 A bei einer Spannung von 5 V. Der Stromverbrauch ist derart immens, dass eine wirtschaftliche Produktion nur in Ländern stattfindet, in denen man preiswerten Strom u. a. aus erneuerbaren Energien produzieren kann, oder in denen der Strom für die Aluminiumherstellung steuerlich subventioniert wird. Das bei der Elektrolyse entstehende Aluminium sammelt sich aufgrund seiner höheren Dichte am Boden der Wanne und wird von Zeit zu Zeit abgesaugt und in Barren gegossen. Der an der anderen Elektrode entstehende Sauerstoff reagiert bei den hohen Temperaturen mit der Kohlenstoffelektrode zu Kohlenstoffmonoxid und Kohlenstoffdioxid, die als Gase entweichen. Die Elektroden müssen daher von Zeit zu Zeit erneuert werden. In Deutschland und anderen Industriestaaten wird vermehrt auf das Recycling von Aluminiumschrott anstelle des Einsatzes von aus Bauxit gewonnenem Aluminiumoxid gesetzt.

Zusatzinformationen

Faradaykonstante F = 96485 As · mol^{-1} = 96 485 C · mol^{-1}

Leistung [W] = Spannung [V] · Stromstärke [A].

Die Energie kann man in Wattstunden (Wh = 3 600 W · s = 3 600 V · A · s) oder auch in Kilowattstunden (kWh) angeben.

Ein üblicher Preis für Privatkunden für 1 000 Wattstunden (1 kWh) beträgt zur Zeit 26,4 ct.

Ein Kilogramm Aluminium kostete am 09. 09. 2012 1,58 €.

Spannungsreihe
Reduktionsmittel oben/Oxidationsmittel unten

Reduzierte Form	Oxidierte Form	+ Anzahl Elektronen	Standardpotenzial (E_0 in Volt)
Li	Li^+	$+ e^-$	$-3,04$
K	K^+	$+ e^-$	$-2,92$
Ba	Ba^{2+}	$+ 2 e^-$	$-2,90$
Ca	Ca^{2+}	$+ 2 e^-$	$-2,87$
Na	Na^+	$+ e^-$	$-2,71$
Mg	Mg^{2+}	$+ 2 e^-$	$-2,36$
Al	Al^{3+}	$+ 3 e^-$	$-1,68$
Mn	Mn^{2+}	$+ 2 e^-$	$-1,19$
$H_2 + 2 OH^-$	$2 H_2O$	$+ 2 e^-$	$-0,83$
Zn	Zn^{2+}	$+ 2 e^-$	$-0,76$
Cr	Cr^{3+}	$+ 3 e^-$	$-0,74$
S^{2-}	S	$+ 2 e^-$	$-0,48$
Fe	Fe^{2+}	$+ 2 e^-$	$-0,41$
Cd	Cd^{2+}	$+ 2 e^-$	$-0,40$
Ni	Ni^{2+}	$+ 2 e^-$	$-0,23$
Sn	Sn^{2+}	$+ 2 e^-$	$-0,14$
Pb	Pb^{2+}	$+ 2 e^-$	$-0,13$
Fe	Fe^{3+}	$+ 3 e^-$	$-0,036$
$H_2 + 2 H_2O$	$2 H_3O^+$	$+ 2 e^-$	0
Cu^+	Cu^{2+}	$+ e^-$	$+0,15$
$SO_2 + 6 H_2O$	$SO_4^{2-} + 4 H_3O^+$	$+ 2 e^-$	$+0,17$
Cu	Cu^{2+}	$+ 2 e^-$	$+0,34$
$4 OH^-$	$O_2 + 2 H_2O$	$+ 4 e^-$	$+0,40$
Cu	Cu^+	$+ e^-$	$+0,52$
$2 I^-$	I_2	$+ 2 e^-$	$+0,54$
Fe^{2+}	Fe^{3+}	$+ e^-$	$+0,77$
Ag	Ag^+	$+ e^-$	$+0,80$
$NO + 6 H_2O$	$NO_3^- + 4 H_3O^+$	$+ 3 e^-$	$+0,96$
$2Br^-$	Br_2	$+ 2 e^-$	$+1,07$
$6 H_2O$	$O_2 + 4 H_3O^+$	$+ 4 e^-$	$+1,23$
$2 Cr^{3+} + 21 H_2O$	$Cr_2O_7^{2-} + 14 H_3O^+$	$+ 6 e^-$	$+1,33$
$2Cl^-$	Cl_2	$+ 2 e^-$	$+1,36$
$Pb^{2+} + 6 H_2O$	$PbO_2 + 4 H_3O^+$	$+ 2 e^-$	$+1,46$
Au	Au^{3+}	$+ 3 e^-$	$+1,50$
$Mn^{2+} + 12 H_2O$	$MnO_4^- + 8 H_3O^+$	$+ 5 e^-$	$+1,51$
$2 F^-$	F_2	$+ 2 e^-$	$+2,87$

Lösung

Inhalte: Nernst'sche Gleichung (auch mit Nichtmetallen), Faraday, Überspannung, Elektrolyse, Korrosion, Korrosionsschutz, Lokalelement, Opferanode

1.1 Der Versuch zeigt die unterschiedlich schnelle Korrosion eines Eisen-Magnesium-Gemisches einmal im Vergleich zu reinem Eisen und einmal im Vergleich zu reinem Magnesium.

Direkt nach der Zugabe erkennt man in (1) eine heftige Gasentwicklung. Das Gemisch aus dem Heatermeal reagiert also auch mit kaltem Salzwasser heftig. Die Pinkfärbung in Kammer (1) lässt darauf schließen, dass bei der Reaktion eine Lauge entsteht. Die Elektrodenreaktionen dazu lassen sich wie folgt formulieren.

Anode: $Mg \longrightarrow Mg^{2+} + 2\,e^-$

Kathode: $2\,H_2O + 2\,e^- \longrightarrow H_2 + 2\,OH^-$

Auch in Kammer (2) ist eine sehr geringe Pinkfärbung zu erkennen. Magnesium reagiert also auch hier gemäß den oben genannten Reaktionsgleichungen zu einer Lauge. Dies geschieht jedoch in weit geringem Maße, als aufgrund seines geringen Standardelektrodenpotenzials zu erwarten wäre. Dadurch, dass sich reines Magnesium bei der Reaktion mit einer Schicht aus Magnesiumoxid bzw. -hydroxid überzieht, kommt es zu einer Passivierung, die eine Reaktion behindert.

In Kammer (1) wird diese Passivierung durch die Bildung eines Lokalelements aufgehoben. Der Kontakt des unedleren Magnesiums mit dem edleren Eisen führt dazu, dass eine räumliche Trennung von Oxidation und Reduktion erfolgt und damit das unedlere Metall schneller abreagiert. Die heftige Reaktion in (1) bzw. (3) ist also auf die Bildung des Lokalelements zurückzuführen.

Der Versuch in Kammer (3) zeigt zudem eindrucksvoll, dass das edlere der beiden Metalle in einem Lokalelement zunächst vor Korrosion geschützt ist. Die ausbleibende Blaufärbung verdeutlicht, dass keine Eisen-Ionen entstehen, obwohl eine Sauerstoffkorrosion des unedlen Metalls Eisen in wässriger Lösung zu erwarten wäre. Magnesium übernimmt im Lokalelement somit die Rolle der Opferanode.

Die langsam auftretende Blaufärbung in Kammer (4) ist auf die Bildung von Eisen-Ionen zurückzuführen, die gemäß der angegebenen Reaktionsgleichung im Zusatzmaterial zur Bildung von Berliner Blau führt.

Anode: $Fe \longrightarrow Fe^{2+} + 2\,e^-$

Kathode: $O_2 + 2\,H_2O + 4\,e^- \longrightarrow 4\,OH^-$

⟋ Hinweis: Oxidationsmittel kann im Übrigen unter den gegebenen Bedingungen diesmal nicht Wasser sein (siehe Standardelektrodenpotenziale). Es handelt sich vielmehr um eine Sauerstoffkorrosion, was erklärt, dass die Blaufärbung erst verzögert (geringes Sauerstoffangebot im Wasser) ohne Entwicklung von Gasbläschen (keine Bildung von Wasserstoff) eintritt.

1.2 Um metallische Einrichtungen wie z. B. Tanklager, unterirdische Rohre oder Erdölbohrtürme vor Korrosion zu schützen, verbindet man wie im Petrischalenversuch das gefährdete Metall elektrisch leitend mit einem Metall, das sich leichter oxidieren lässt und gemäß der elektrochemischen Spannungsreihe unedler ist. Für Eisen kommen beispielsweise Opferanoden auf Zink-Basis in Frage. Daher werden Zinkanoden an Schiffen angebracht, die im Salzwasser unterwegs sind. Im Kontakt mit einem edleren Metall wird das unedlere zur Anode einer kurzgeschlossenen galvanischen Zelle, beide bilden somit ein Lokalelement. An der Anode läuft eine Oxidation ab: Das unedlere Zink gibt über das Eisen Elektronen an Akzeptoren (im Meer z. B. Sauerstoff). Das Anoden-Material löst sich langsam auf (Opferanode), das Eisen bleibt unangegriffen. Das Salzwasser fungiert als Elektrolyt. Zudem ist darin der für die Sauerstoffkorrosion wichtige Sauerstoff gelöst.

Im Heatermeal ist das unedlere Metall allerdings nicht als Opferanode vorgesehen. Vielmehr soll die Passivierung durch das edlere Metall (Eisen) aufgehoben und damit die stark exotherme Reaktion beschleunigt werden.

1.3 Bei der Verwendung verschiedener, untereinander verbundener Metalle besteht die Gefährdung durch unbeabsichtigte Korrosion von Werkstücken. Auf der anderen Seite können aber auch bewusst Opferanoden, z. B. in Heizkesseln, eingesetzt werden.

2.1

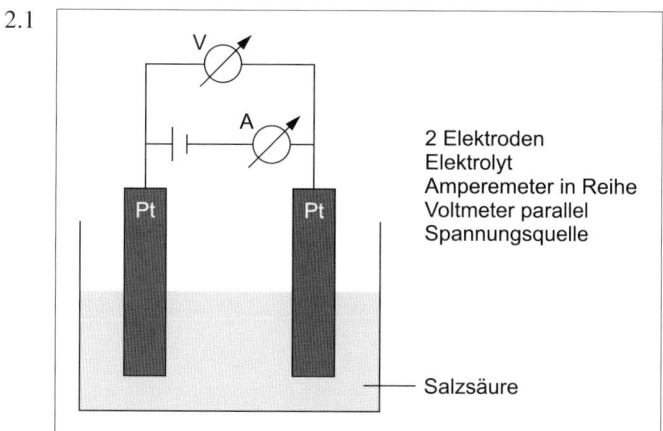

2 Elektroden
Elektrolyt
Amperemeter in Reihe
Voltmeter parallel
Spannungsquelle

Salzsäure

2.2

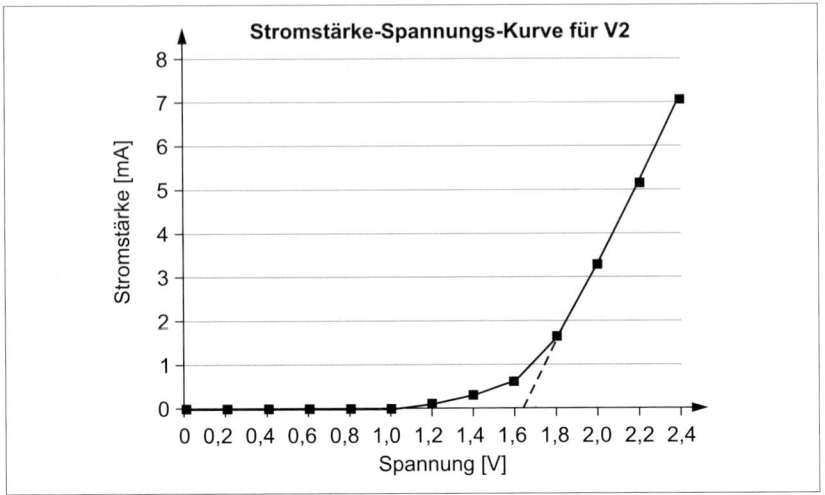

Stromstärke-Spannungs-Kurve für V2

Die Kurve beginnt beim Nullpunkt. Bei steigender Spannung fließt zunächst kein Strom. Erst ab ca. 1,6 V steigt die Kurve kurz exponentiell und dann annähernd linear an. Dies liegt daran, dass erst mit Erreichen der Zersetzungsspannung eine Elektrolyse einsetzt.

Es wird eine Gerade durch den ansteigenden Ast gezeichnet, die bei Extrapolation nach unten die x-Achse bei ca. 1,6 bis 1,7 Volt schneidet.

2.3 An der Anode werden entweder Chlorid-Ionen zu Chlor, oder Wasser- bzw. Hydroxidteilchen zu Sauerstoff oxidiert.

Hinweis: Letzteres liefert für die Bestimmung des Potenzials gleiche Werte, eine Angabe ist ausreichend.

$$2\,Cl^-_{(aq)} \longrightarrow Cl_{2\,(g)} + 2\,e^-$$

$$6\,H_2O_{(l)} \longrightarrow O_{2\,(g)} + 4\,H_3O^+_{(aq)} + 4\,e^- \qquad \text{bzw.}$$

$$4\,OH^-_{(aq)} \longrightarrow O_{2\,(g)} + 2\,H_2O_{(l)} + 4\,e^-$$

An der Kathode werden Oxonium-Ionen zu Wasserstoff reduziert.

$$2\,H_3O^+_{(aq)} + 2\,e^- \longrightarrow H_{2\,(g)} + 2\,H_2O_{(l)}$$

Hinweis: Bei den folgenden Berechnungen ist zu beachten, dass für das Potenzial jeweils nur die Konzentration der gelösten Stoffe relevant ist. Allgemein kann man somit folgende Formeln für die Potenziale erstellen (Angabe in E oder U möglich).

Potenzial der Chlorentstehung:

$$E = E^0(2\,Cl^-/Cl_2) + \frac{0{,}059\ V}{2} \cdot \lg\left\{\frac{1}{[Cl^-]^2}\right\} = 1{,}36\ V - 0{,}059\ V\ \lg[Cl^-]$$

Potenzial der Sauerstoffentstehung (nach Reaktionsgleichung mit H_2O):

$$E = E^0(6\,H_2O/O_2) + \frac{0,059\ \text{V}}{4} \cdot \lg\{[H_3O^+]^4\} = 1,23\ \text{V} + 0,059\ \text{V}\ \lg\{H_3O^+\}$$

Analoge Berechnung des Potenzials der Sauerstoffentstehung (nach Reaktionsgleichung mit OH^-):

$$E = E^0(4\,OH^-/O_2) + \frac{0,059\ \text{V}}{4} \cdot \lg\left\{\frac{1}{[OH^-]^4}\right\} = 0,4\ \text{V} - 0,059\ \text{V}\ \lg\{[OH^-]\}$$

Potenzial der Wasserstoffentstehung:

$$E = E^0(2\,H_3O^+/H_2) + \frac{0,059\ \text{V}}{2} \cdot \lg\{[H_3O^+]^2\} = 0\ \text{V} + 0,059\ \text{V}\ \lg[H_3O^+]$$

Daraus ergibt sich durch Einsetzen der Konzentrationen für die theoretischen Potenziale in
Versuch 1: Sauerstoff E = 1,23 V; Chlor E = 1,36 V
Versuch 2: Sauerstoff E = 1,053 V; Chlor E = 1,537 V
Der Wert für Wasserstoff beträgt im Versuch 1: 0 V, im Versuch 2: –0,177 V. Man würde also theoretisch erwarten, dass sich in beiden Versuchen Sauerstoff abscheidet. Anscheinend ist aber die Überspannung von Chlor kleiner als die von Sauerstoff. (In Versuch 1 ist die theoretische Spannung $U = E_{Akz} - E_{Don}$ = 1,36 V–0 V = 1,36 V, diese deckt sich mit der ermittelten Abscheidungsspannung, es existiert keine Überspannung).
In Versuch 2 gilt $U = E_{Akz} - E_{Don}$ = 1,053 V–(–0,177 V) = 1,23 V, man ermittelt in etwa eine Überspannung von 0,4 V (vgl. 2.2), die anscheinend gerade zur bevorzugten Elektrolyse von Sauerstoff reicht.

2.4 Bei der Gewinnung von Chlor durch die Chlor-Alkali-Elektrolyse wird eine wässrige Natriumchlorid-Lösung elektrolysiert. Das Chlorgas entsteht gemäß folgender Gleichung an der Anode:

$$2\,Cl^-_{(aq)} \longrightarrow Cl_{2\,(g)} + 2\,e^- \qquad E^0 = +1,36\ \text{V}$$

Allerdings sollte man aufgrund der Elektrodenpotenziale erwarten, dass an der Anode Sauerstoff statt Chlor gebildet wird (E^0 = +0,82 V bei pH 7, bei pH 14 noch geringer).
In der Praxis ist zur Abscheidung von Sauerstoff offensichtlich eine höhere Spannung nötig, als man nach dem Elektrodenpotenzial berechnet. Diese Differenz zwischen dem tatsächlichen Abscheidungspotenzial und dem theoretischen Elektrodenpotenzial bezeichnet man als Überspannung. Noch deutlicher wird dies beim Amalgam-Verfahren an der Kathode. Hier scheidet sich aus wässriger Lösung nicht wie erwartet Wasserstoff ab, sondern das weitaus unedlere Natrium, da zur Abscheidung von Wasserstoff aufgrund der Überspannung am Quecksilber 1,99 V nötig wären, für Natrium aber nur 1,7 V.

3.1 Anode: $2\,O^{2-} \longrightarrow O_2 + 4\,e^-$ und

$C + O_2 \longrightarrow CO_2$ sowie

$2\,C + O_2 \longrightarrow 2\,CO$

Kathode: $Al^{3+} + 3\,e^- \longrightarrow Al$

Aufgrund des geringen Standardelektrodenpotenzials von Aluminium würde an der Kathode kein Aluminium entstehen, sondern Wasser unter Bildung von Wasserstoff zersetzt werden.

3.2 Es gelten folgende Zusammenhänge:

$Q = I \cdot t$ und $I \cdot t = n \cdot z \cdot F$ sowie ferner

$n = \dfrac{m}{M}$ und $W = V \cdot A$; 1 kWh = 3 600 kWs; $M(Al) = 26{,}98$ g $\cdot$ mol^{-1};

Faradaykonstante $F = 96\,485$ As $\cdot$ mol$^{-1} = 96\,485$ C $\cdot$ mol^{-1}

Eingesetzt ergibt sich daraus für die unter den angegebenen Bedingungen an einem Tag hergestellte Stoffmenge an Aluminium:

$150\,000$ A $\cdot\ 24 \cdot 60 \cdot 60$ s $= n \cdot 3 \cdot 96\,485$ As $\cdot$ mol^{-1}

$\Rightarrow n = 44\,773{,}8$ mol und

Mit $m = n \cdot M$

$\Rightarrow m = 44\,773{,}8$ mol $\cdot\ 26{,}98$ g $\cdot$ mol$^{-1} \Rightarrow m = 1\,207\,997$ g bzw. $m = 1\,208$ kg

Benötigte Zeit:

$n = \dfrac{m}{M} \Rightarrow n(Al) = \dfrac{1\,000\ \text{g}}{26{,}98\ \text{g} \cdot \text{mol}^{-1}} \Rightarrow n(Al) = 37$ mol

$t = \dfrac{n \cdot z \cdot F}{I} \Rightarrow t = \dfrac{37\ \text{mol} \cdot 3 \cdot 96\,485\ \text{As} \cdot \text{mol}^{-1}}{150\,000\ \text{A}} \Rightarrow t = 71{,}5$ s

Energiebedarf:

5 V $\cdot\ 150\,000$ A $\cdot\ 71{,}5$ s $= 53\,625\,000$ Ws $= 53\,625$ kWs $= 14{,}9$ kWh

Preis: 14,9 kWh $\cdot\ 26{,}4$ ct $\cdot$ kWh$^{-1} = 393$ ct

Der Strompreis würde allein für die Elektrolyse 3,93 € betragen und wäre damit mehr als doppelt so hoch wie der Verkaufswert am Stichtag.

3.3 Hier können Kriterien z. B. ökologischer und ökonomischer Art (z. B. einem hohen Energieverbrauch zu Lasten der Umwelt wird nicht entgegengesteuert, keine Veränderung des Käuferverhaltens durch Preiserhöhung, Arbeitsplätze) genannt werden. Darauf basierend ist das Recycling sinnhaft, z. B. aufgrund des geringeren Energieaufwands für das Sammeln im Vergleich zur Herstellung von Aluminiumoxid aus Bauxit, des geringeren Energieaufwands für die Elektrolyse, da das Aluminium passiviert vorliegt, o. ä.

Punkteschlüssel							
Punkte	15	14	13	12	11	10	9	8
BE	ab 56,5 bis 59	ab 53 bis 56	ab 50,5 bis 52,5	ab 47 bis 50	ab 45 bis 46,5	ab 41 bis 44,5	ab 39 bis 40,5	ab 36 bis 38,5
Punkte	7	6	5	4	3	2	1	0
BE	ab 33 bis 35,5	ab 29,5 bis 32,5	ab 27 bis 29	ab 23,5 bis 26,5	ab 22 bis 23	ab 18,5 bis 21,5	ab 15 bis 18	< 15

BE

1 Zu 10,0 mL einer 1 M Kupfersulfat-Lösung gibt man 10,0 mL einer 25 %-igen Ammoniak-Lösung. Die Kupfer-Ionen reagieren mit dem NH_3 (aq) nach der Reaktionsgleichung

$$Cu^{2+} + 4 NH_3 \text{ (aq)} \rightleftharpoons [Cu(NH_3)_4]^{2+} \text{ (aq)}$$

zum tiefblauen Kupfertetrammin-Komplex $[Cu(NH_3)_4]^{2+}$.

1.1 Stellen Sie das Massenwirkungsgesetz für die Reaktion auf.
Berechnen Sie die Konzentration der Kupfer-Ionen im Gleichgewicht, wenn die Konzentration des freien Ammoniaks $c_{NH_3} = 4,69 \text{ mol} \cdot L^{-1}$, die Kupfertetrammin-Konzentration $c([Cu(NH_3)_4]^{2+}) \approx 0,50 \text{ mol} \cdot L^{-1}$ und die Gleichgewichtskonstante $K = 1,26 \cdot 10^{12} \text{ L}^4 \cdot \text{mol}^{-4}$ ist.   3

1.2 Die oben beschriebene Lösung wird nun in einen Schenkel eines U-Rohres mit Fritte gefüllt. In den zweiten Schenkel gibt man 20,0 mL einer 1 M Kupfersulfat-Lösung. Auf beiden Seiten dient ein Kupfer-Stab als Metallelektrode und die Spannung des galvanischen Elementes wird gemessen.
Fertigen Sie eine vollständige Versuchsskizze mit Beschriftung an.
Geben Sie an, welche Halbzelle der Minuspol der Anordnung ist.
$E^0(Cu/Cu^{2+}) = 0,34 \text{ V}$ 4

1.3 Berechnen Sie mithilfe der NERNST-Gleichung das Potential der Kupfertetrammin-Halbzelle.
Berechnen Sie die Spannung, die man an der galvanischen Zelle messen kann.   3

1.4 Die Zelle wird mit einem Verbraucher, z. B. einem Motor, verbunden. Welche Veränderungen in der Zelle erwarten Sie nach längerer Zeit?   1

2 Zu 20,0 mL einer 1 M Silbernitrat-Lösung werden im Kalorimeter 6,35 g Kupfer-Pulver gegeben und die Temperaturänderung gemessen. Die Kalorimeter-Konstante wurde zuvor bestimmt: $C_{Kal} = 200 \text{ J} \cdot K^{-1}$.

2.1 Berechnen Sie mithilfe der folgenden Tabellendaten die Reaktionsenthalpie, die Reaktionsentropie und die freie Reaktionsenthalpie für die Reaktion von Kupfer mit Silber-Ionen (bei Standardbedingungen).

$$\Delta_f H^0_{Ag} = \Delta_f H^0_{Cu} = 0 \text{ kJ} \cdot \text{mol}^{-1}$$

$$\Delta_f H^0_{Cu^{2+}} = 64,8 \text{ kJ} \cdot \text{mol}^{-1}$$

$$\Delta_f H^0_{Ag^+} = 105,6 \text{ kJ} \cdot \text{mol}^{-1}$$

$$S^0_{Ag} = 42{,}6 \text{ J} \cdot \text{mol}^{-1} \cdot \text{K}^{-1}$$

$$S^0_{Ag^+} = 72{,}7 \text{ J} \cdot \text{mol}^{-1} \cdot \text{K}^{-1}$$

$$S^0_{Cu} = 33{,}2 \text{ J} \cdot \text{mol}^{-1} \cdot \text{K}^{-1}$$

$$S^0_{Cu^{2+}} = -99{,}6 \text{ J} \cdot \text{mol}^{-1} \cdot \text{K}^{-1} \qquad \qquad 6$$

2.2 Berechnen Sie die Wärmemenge, die bei obigem Kalorimeter-Experiment freigesetzt werden müsste und daraus die Temperaturerhöhung bei der Messung. 4

Hinweis: Die Wärmekapazitäten der Metalle können vernachlässigt werden.

3 Nitrit-Ionen (NO_2^-) können in (saurer) wässriger Lösung zu Stickstoffmonoxid und Wasser reduziert werden.

3.1 Formulieren Sie eine Gleichung für die Reduktion der Nitrit-Ionen. 2

3.2 Eine Lösung von Natriumnitrit wird auf zwei Reagenzgläser verteilt. In das erste Reagenzglas gibt man etwas Kaliumiodid-Lösung. Die Lösung bleibt farblos.

In das zweite Reagenzglas gibt man so viel Essigsäure, dass der pH-Wert 2,88 beträgt und dann etwas Kaliumiodid-Lösung. Die Lösung färbt sich braun.

Formulieren Sie eine Reaktionsgleichung.

Erklären Sie die Beobachtung unter der Annahme, dass für das Redoxpotential der Nitrit-Teilreaktion folgende Gleichung gilt:

$$E(NO / NO_2^-) \approx 0{,}90 \text{ V} - 0{,}059 \text{ V} \cdot pH$$

$$E^0(I^-/I_2) = 0{,}54 \text{ V} \qquad \qquad 4$$

Hinweis: Für das Redoxpaar Iod/Iodid können Standard-Bedingungen angenommen werden.

3.3 Welche Konzentration muss die Essigsäure in der oben beschriebenen Lösung haben? 3

30

Lösung

Inhalte: NERNST-Gleichung, Kalorimetrie, Redoxreaktionen

1.1 Massenwirkungsgesetz:

$$K = \frac{c([Cu(NH_3)_4]^{2+})}{c^4(NH_3) \cdot c(Cu^{2+})}$$

Konzentration der Kupfer-Ionen:

$$c(Cu^{2+}) = \frac{c([Cu(NH_3)_4]^{2+})}{c^4(NH_3) \cdot K} = \frac{0,5}{4,69^4 \cdot 1,26 \cdot 10^{12}} \text{ mol} \cdot L^{-1}$$

$$= 8,20 \cdot 10^{-16} \text{ mol} \cdot L^{-1}$$

1.2

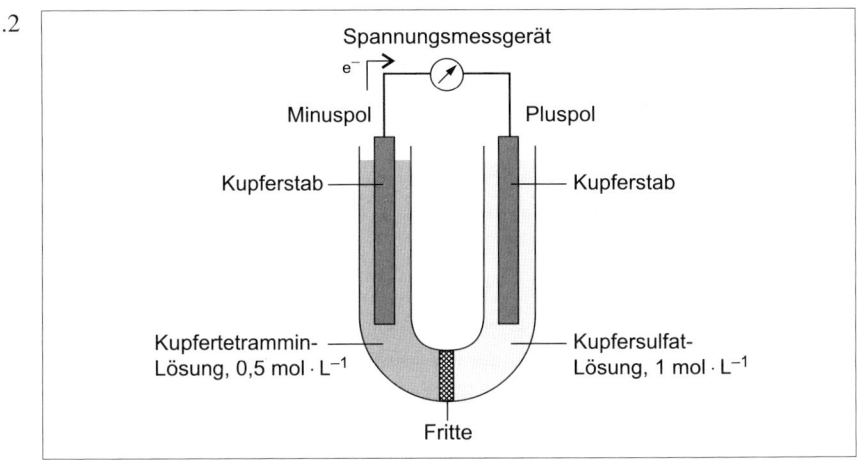

1.3 $E = E^0(Cu / Cu^{2+}) + \dfrac{R \cdot T}{z \cdot F} \cdot \ln c(Cu^{2+})$

$$= E^0(Cu / Cu^{2+}) + \frac{0,059 \text{ V}}{2} \cdot \log c(Cu^{2+})$$

$$= 0,34 \text{ V} + \frac{0,059 \text{ V}}{2} \cdot \log(8,2 \cdot 10^{-16}) = 0,34 \text{ V} - 0,445 \text{ V} = -0,105 \text{ V}$$

Spannung an der galvanischen Zelle: $U = 0,340 \text{ V} + 0,105 \text{ V} = 0,445 \text{ V}$.

1.4 Der Kupferstab auf der Kupfertetrammin-Seite wird dünner. Der Kupferstab auf der Kupfersulfat-Seite wird dicker.

2.1 $2\,Ag^{+}_{(aq)} + \overset{0}{Cu}_{(s)} \longrightarrow 2\,\overset{0}{Ag}_{(s)} + \overset{+II}{Cu}^{2+}_{(aq)}$

(with oxidation states: $\overset{+I}{Ag^{+}}$, $\overset{0}{Cu}$, $\overset{0}{Ag}$, $\overset{+II}{Cu}^{2+}$)

$$\Delta_r H^0 = 2 \cdot \Delta_f H^0_{Ag} + \Delta_f H^0_{Cu^{2+}} - 2 \cdot \Delta_f H^0_{Ag^+} - \Delta_f H^0_{Cu}$$

$$= 0 + 64{,}8\,kJ \cdot mol^{-1} - 2 \cdot 105{,}6\,kJ \cdot mol^{-1} - 0 = -146{,}4\,kJ \cdot mol^{-1}$$

$$\Delta_r S^0 = 2 \cdot S^0_{Ag} + S^0_{Cu^{2+}} - 2 \cdot S^0_{Ag^+} - S^0_{Cu}$$

$$= 2 \cdot 42{,}6\,J \cdot mol^{-1} \cdot K^{-1} - 99{,}6\ J \cdot mol^{-1} \cdot K^{-1} -$$

$$2 \cdot 72{,}7\,J \cdot mol^{-1} \cdot K^{-1} - 33{,}2\,J \cdot mol^{-1} \cdot K^{-1}$$

$$= -193\,J \cdot mol^{-1} \cdot K^{-1}$$

$$\Delta_r G^0 = \Delta_r H^0 - T \cdot \Delta_r S^0 = -146{,}4\,kJ \cdot mol^{-1} - 298\,K \cdot (-193\,J \cdot mol^{-1} \cdot K^{-1})$$

$$= -89{,}1\,kJ \cdot mol^{-1}$$

Hinweis: Bei der Berechnung muss darauf geachtet werden, dass in der Einheit von $\Delta_r S^0$ J, in den Einheiten von $\Delta_r H^0$ und $\Delta_r G^0$ jedoch kJ vorkommt.

2.2 Aus der Reaktionsgleichung geht hervor, dass $n(Ag^+):n(Cu) = 2:1$ ist. Nach den Angaben werden

$$n(Ag^+) = c(Ag^+) \cdot V(Ag^+) = 1\,mol \cdot L^{-1} \cdot 20 \cdot 10^{-3}\,L = 0{,}02\,mol$$

und

$$n(Cu) = \frac{m(Cu)}{M(Cu)} = \frac{6{,}35\,g}{63{,}5\,g \cdot mol^{-1}} = 0{,}1\,mol$$

eingesetzt. Limitierend ist also die Stoffmenge der Silber-Ionen.
Bei einem Umsatz von 2 mol Silber-Ionen werden gemäß der Reaktionsgleichung 146,4 kJ Wärme freigesetzt. Entsprechend wird die freigesetzte Wärmemenge im Experiment $Q = \dfrac{n(Ag^+)}{2} \cdot \Delta_r H^0 = 0{,}01\,mol \cdot 146{,}4\,kJ \cdot mol^{-1} =$
1,464 kJ = 1 464 J sein.

Die Wärme wird an das Kalorimetergefäß und die wässrige Lösung abgegeben, daher ergibt sich der Ansatz:

$$Q = Q_{Kal} + Q_{Lösung} = C_{Kal} \cdot \Delta T + c_{Wasser} \cdot m_{Lösung} \cdot \Delta T$$

$$= \Delta T \cdot (C_{Kal} + c_{Wasser} \cdot m_{Lösung})$$

$$Q = \Delta T \cdot (C_{Kal} + c_{Wasser} \cdot m_{Lösung}) \Rightarrow$$

$$\Delta T = \frac{Q}{(C_{Kal} + c_{Wasser} \cdot m_{Lösung})} = \frac{1\,464\,J}{200\,J \cdot K^{-1} + 4{,}186\,J \cdot g^{-1} \cdot K^{-1} \cdot 20\,g}$$

$$= 5{,}16\,K$$

3.1 $\overset{+III}{NO_2^-} + e^- + 2H^+ \longrightarrow \overset{+II}{NO} + H_2O$

3.2 Bei der Reaktion in saurer Lösung wird offenbar aus dem Iodid Iod gebildet. Damit diese Redoxreaktion ablaufen kann, muss das Potential der Nitrit-Reduktion positiver als das der Iodid-Oxidation sein.
In neutraler Lösung bei pH = 7 ist

$E(NO / NO_2^-) \approx 0,90\,V - 0,059\,V \cdot pH = 0,90\,V - 0,059\,V \cdot 7 = 0,487\,V$

Im saurer Lösung bei pH = 2,88 ist

$E(NO / NO_2^-) \approx 0,90\,V - 0,059\,V \cdot pH = 0,90\,V - 0,059\,V \cdot 2,88 = 0,73\,V$

In saurer Lösung ist also eine Oxidation des Iodids zu Iod möglich:

Red.: $\overset{+III}{NO_2^-} + e^- + 2H^+ \longrightarrow \overset{+II}{NO} + H_2O \quad | \cdot 2$

Ox.: $\overset{-I}{2I^-} \longrightarrow \overset{0}{I_2} + 2e^-$

Redox.: $2NO_2^- + 4H^+ + 2I^- \longrightarrow I_2 + 2NO + 2H_2O$

$U = E^0(NO / NO_2^-) - E^0(I_2 / I^-) = 0,73\,V - 0,54\,V = 0,19\,V$

3.3 $CH_3COOH + H_2O \rightleftharpoons H_3O^+ + CH_3COO^-$

$$K_S = \frac{c_{H_3O^+} \cdot c_{CH_3COO^-}}{c_{0,\,CH_3COOH}}$$

aus $c_{H_3O^+} = c_{CH_3COO^-}$ ergibt sich

$$K_S = \frac{c^2_{H_3O^+}}{c_{0,\,CH_3COOH}} = \frac{(10^{-pH})^2}{c_{0,\,CH_3COOH}} \Rightarrow$$

$$c_{0,\,CH_3COOH} = \frac{(10^{-pH})^2}{K_S} = \frac{(10^{-2,88})^2}{10^{-4,76}} = 0,1\,mol \cdot L^{-1}$$

alternativ:

$$pH = \frac{1}{2}(pK_S - \lg c_{0,\,CH_3COOH})$$

$$\Rightarrow \lg c_{0,\,CH_3COOH} = pK_S - 2\,pH = 4,76 - 2 \cdot 2,88 = -1$$

$$c_{0,\,CH_3COOH} = 0,1\,mol \cdot L^{-1}$$

Punkteschlüssel							
Punkte	15	14	13	12	11	10	9	8
BE	ab 28,5 bis 30	ab 27 bis 28	ab 25,5 bis 26,5	ab 24 bis 25	ab 22,5 bis 23,5	ab 21 bis 22	ab 19,5 bis 20,5	ab 18 bis 19
Punkte	7	6	5	4	3	2	1	0
BE	ab 16,5 bis 17,5	ab 15 bis 16	ab 13,5 bis 14,5	ab 11,5 bis 13	ab 9,5 bis 11	ab 7,5 bis 9	ab 5,5 bis 7	< 5,5

BE

1 Der Energiebedarf des Menschen setzt sich aus einem Grundumsatz und einem Arbeitsumsatz zusammen. Für die Grundumsatzenergie wird in der Regel für 1 kg Körpergewicht und für die Dauer von einer Stunde ein Wert von 4,2 kJ angesetzt.
Der Arbeitsumsatz hängt von der körperlichen Tätigkeit ab. Für leichte körperliche Tätigkeiten (Bsp. Chemielehrer) errechnet sich ein Zuschlag von 30 % des Grundumsatzes.

1.1 Ein Chemielehrer hat die Körpermasse 84 kg. Berechnen Sie seinen Energiebedarf für eine Doppelstunde (90 min) Unterricht. 2

1.2 Angenommen, der Chemielehrer könnte diesen Energiebedarf allein mit der „Verbrennung" von Glucose decken. Wie viel Gramm Glucose muss der Chemielehrer dann „verbrennen"?
Stellen Sie dazu eine Reaktionsgleichung auf und berechnen Sie die Standardreaktionsenthalpie $\Delta_r H^0$ für die Verbrennung von Glucose.

$\Delta_f H^0 (\text{Glucose}) = -1\,274\,\text{kJ} \cdot \text{mol}^{-1}$

$\Delta_f H^0 (\text{CO}_{2\,(g)}) = -393,51\,\text{kJ} \cdot \text{mol}^{-1}$

$\Delta_f H^0 (\text{H}_2\text{O}_{(l)}) = -285,83\,\text{kJ} \cdot \text{mol}^{-1}$ 4

1.3 Zeichnen Sie die Strukturformel für D-Glucose in HAWORTH-Projektion. 1

2 Zur Bestimmung der Standardbildungsenthalpie von D-Fructose werden 3,6 g in einem einfachen Verbrennungskalorimeter im Sauerstoffstrom verbrannt. Bei einer Wasserfüllung mit 400 g und einer Kalorimeterkonstante von $C_{Kal} = 150\,\text{J} \cdot \text{K}^{-1}$ wurde dabei eine Temperaturerhöhung von 30,8 °C gemessen. Das bei der Verbrennung anfallende Wasser wurde in der Kühlwendel des Kalorimeters kondensiert.

2.1 Geben Sie eine Definition für die Standardbildungsenthalpie an. 1

2.2 Was besagt der Satz von HESS? Stellen Sie grafisch dar, wie man unter Verwendung dieses Satzes die molare Standardbildungsenthalpie von Fructose aus ihrer Verbrennungsenthalpie bestimmen kann. 3

2.3 Berechnen Sie mit den Messdaten und mithilfe der angegebenen Bildungsenthalpien die Standardbildungsenthalpie von Fructose. 5

3.1 Bei Sportverletzungen oder Verbrennungen können Kühlpackungen die Symptome lindern. Bei der Anwendung wird ein Wasserreservoir im Inneren der Kühlpackung zum Platzen gebracht und das Wasser kommt in Kontakt mit dem enthaltenen Salz. Oft verwendet man dazu Ammoniumnitrat.

Zeigen Sie durch eine geeignete Rechnung, dass das Lösen von Ammoniumnitrat in Wasser ein endothermer Vorgang ist.

$$\Delta_f H^0(\text{NH}_4^+) = -132,5 \text{ kJ} \cdot \text{mol}^{-1}$$

$$\Delta_f H^0(\text{NO}_3^-) = -207 \text{ kJ} \cdot \text{mol}^{-1}$$

$$\Delta_f H^0(\text{Ammoniumnitrat}) = -366 \text{ kJ} \cdot \text{mol}^{-1} \qquad 3$$

3.2 Um das Salz aus einer Kältepackung als Ammoniumnitrat zu identifizieren, wird eine Probe davon mit Natriumhydroxid zerrieben (1). Eine zweite Probe wird in saurer Lösung zuerst mit Zink-Pulver zu Nitrit umgesetzt (2) und dieses dann mit einer Farbreaktion (LUNGE-Reagenz) nachgewiesen.

Formulieren Sie Reaktionsgleichungen für (1) und (2) und geben Sie an, um welchen Reaktionstyp es sich jeweils handelt. 4

3.3 Ammoniumnitrat wird in großindustriellem Maßstab für Düngemittel und Sprengstoffe hergestellt. In der Vergangenheit kam es zu mehreren schweren Katastrophen, da Ammoniumnitrat bei unsachgemäßer Handhabung explosionsartig in Wasserdampf, Sauerstoff und Stickstoff zerfallen kann.

a) Formulieren Sie dafür eine Reaktionsgleichung und geben Sie die Oxidationszahlen der Stickstoffteilchen an. 2

b) Die Standardreaktionsenthalpie, bzw. die freie Standardreaktionsenthalpie für die Zersetzung von Ammoniumnitrat betragen $\Delta_r H^0 = -118 \text{ kJ} \cdot \text{mol}^{-1}$ bzw. $\Delta_r G^0 = -273 \text{ kJ} \cdot \text{mol}^{-1}$.

Berechnen Sie die daraus die Standardreaktionsentropie. 2

c) Das „spezifische Schwadenvolumen" gibt das Gasvolumen an, das bei der vollständigen Reaktion von einem Kilogramm eines Explosivstoffes entstehen würde (unter Normbedingungen).

Berechnen Sie das spezifische Schwadenvolumen von Ammoniumnitrat. <u>3</u>
30

Lösung

Inhalte: Kalorimetrie, Energetik, Enthalpie, Satz von HESS

1.1 Der Grundumsatz des Chemielehrers beträgt
$84 \text{ kg} \cdot 4,2 \text{ kJ} \cdot \text{h}^{-1} \cdot \text{kg}^{-1} = 352,8 \text{ kJ} \cdot \text{h}^{-1}$

In 1,5 Stunden ist der Energieverbrauch durch den Grundumsatz dann
$1,5 \text{ h} \cdot 352,8 \text{ kJ} \cdot \text{h}^{-1} = 529,2 \text{ kJ}$

Durch die Arbeit müssen 30 % zum Grundumsatz hinzugerechnet werden, also
$529,2 \text{ kJ} + 0,3 \cdot 529,2 \text{ kJ} \approx 688 \text{ kJ}$

1.2 $\quad C_6H_{12}O_6 \; + \; 6\,O_2 \longrightarrow \quad 6\,CO_2 \; + \; 6\,H_2O$

$$\Delta_r H^0 = 6 \cdot \Delta_f H^0(CO_{2\,(g)}) + 6 \cdot \Delta_f H^0(H_2O_{(l)})$$
$$\quad - \Delta_f H^0(\text{Glucose}) - 6 \cdot \Delta_f H^0(O_{2\,(g)})$$
$$= 6 \cdot (-393,51 \text{ kJ} \cdot \text{mol}^{-1}) + 6 \cdot (-285,83 \text{ kJ} \cdot \text{mol}^{-1})$$
$$\quad - (-1\,274 \text{ kJ} \cdot \text{mol}^{-1}) - 0$$
$$\approx -2\,802 \text{ kJ} \cdot \text{mol}^{-1}$$

Molare Masse der Glucose: $M_{\text{Glucose}} = 180 \text{ g} \cdot \text{mol}^{-1}$.

Der Chemielehrer muss 688 kJ durch die Verbrennung von Glucose aufbringen,

d. h. er benötigt $\dfrac{688 \text{ kJ}}{2\,802 \text{ kJ} \cdot \text{mol}^{-1}} = 0,246 \text{ mol}$ Glucose, was einer Masse von

$m_{\text{Glucose}} = n_{\text{Glucose}} \cdot M_{\text{Glucose}} = 0,246 \text{ mol} \cdot 180 \text{ g} \cdot \text{mol}^{-1} = 44,28 \text{ g}$ entspricht.

1.3

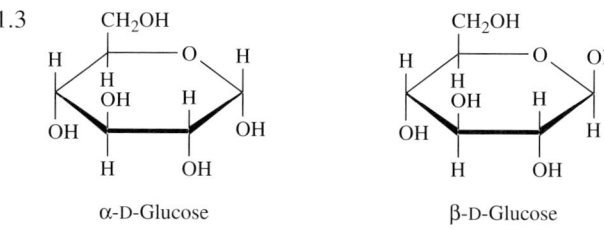

        α-D-Glucose   β-D-Glucose

Hinweis: Die Angabe einer der beiden Strukturformeln ist ausreichend.

2.1 Die Standardbildungsenthalpie ist die bei der Bildung von 1 mol einer Verbindung aus den Elementen umgesetzte Wärmemenge bei Standardbedingungen.

2.2 Der Satz von HESS besagt, dass die bei einer Reaktion umgesetzte Wärmemenge unabhängig vom Reaktionsweg ist.

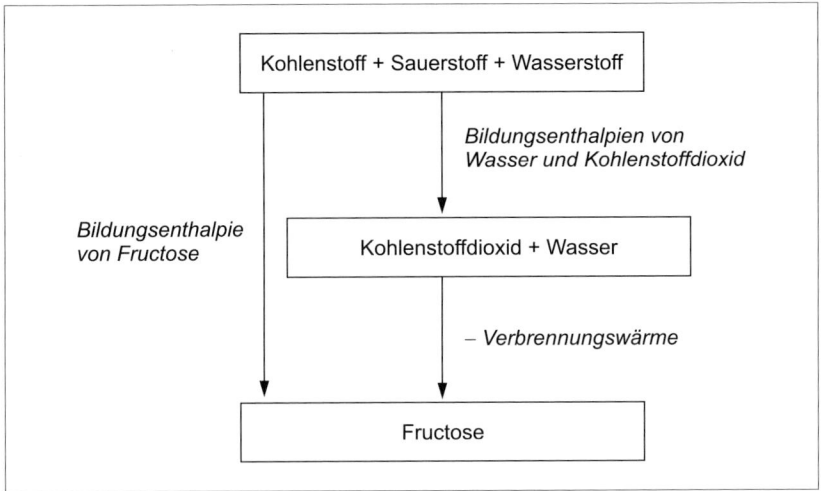

Daraus ergibt sich:

$$\Delta_f H^0 (\text{Fructose}) = 6 \cdot \Delta_f H^0 (CO_2) + 6 \cdot \Delta_f H^0 (H_2O) - \Delta_c H^0 (\text{Fructose})$$

2.3 Standardbildungsenthalpie von Fructose:

$$Q = Q_{\text{Kal}} + Q_{\text{Wasser}} = C_{\text{Kal}} \cdot \Delta T + c_{\text{Wasser}} \cdot m_{\text{Wasser}} \cdot \Delta T$$

$$= \Delta T \cdot (C_{\text{Kal}} + c_{\text{Wasser}} \cdot m_{\text{Wasser}})$$

$$Q = 30,8 \, K \cdot (150 \, J \cdot K^{-1} + 4,186 \, J \cdot K^{-1} \cdot g^{-1} \cdot 400 \, g) \approx 56,2 \, kJ$$

$$n_{\text{Fructose}} = \frac{m_{\text{Fructose}}}{M_{\text{Fructose}}} = \frac{3,6 \, g}{180 \, g \cdot mol^{-1}} = 0,02 \, mol$$

Damit ist die Verbrennungsenthalpie der Fructose:

$$\Delta_c H^0 (\text{Fructose}) = -\frac{56,2 \, kJ}{0,02 \, mol} = -2\,810 \, kJ \cdot mol^{-1}$$

$$\Delta_f H^0 (\text{Fructose}) = 6 \cdot \Delta_f H^0 (CO_2) + 6 \cdot \Delta_f H^0 (H_2O) - \Delta_c H^0 (\text{Fructose})$$

$$= 6 \cdot (-393,51 \, kJ \cdot mol^{-1}) + 6 \cdot (-285,83 \, kJ \cdot mol^{-1}) - (-2\,810 \, kJ \cdot mol^{-1})$$

$$= -1\,266 \, kJ \cdot mol^{-1}$$

3.1 Lösungsenthalpie von Ammoniumnitrat:

$\Delta_l H^0$ (Ammoniumnitrat)

$= \Delta_f H^0(\text{NH}_4^+) + \Delta_f H^0(\text{NO}_3^-) - \Delta_f H^0(\text{NH}_4^+\text{NO}_3^-)$

$= -132{,}5\,\text{kJ} \cdot \text{mol}^{-1} + (-207\,\text{kJ} \cdot \text{mol}^{-1}) - (-366\,\text{kJ} \cdot \text{mol}^{-1}) = 26{,}5\,\text{kJ} \cdot \text{mol}^{-1}$

Da $\Delta_l H^0 > 0$, ist der Lösungsvorgang endotherm.

3.2 (1) $\text{NH}_4^+ + \text{OH}^- \longrightarrow \text{NH}_3\,(g) + \text{H}_2\text{O}\,(l)$ Säure-Base-Reaktion

(2) $\overset{+V}{\text{NO}_3^-} + \text{Zn} + 2\,\text{H}^I \longrightarrow \overset{+III}{\text{NO}_2^-} + \text{Zn}^{2+} + \text{H}_2\text{O}$ Redoxreaktion

3.3 a) $\overset{-III\ +V}{\text{NH}_4\text{NO}_3} \longrightarrow \overset{0}{\text{N}_2}\,(g) + \frac{1}{2}\,\text{O}_2\,(g) + 2\,\text{H}_2\text{O}\,(g)$

b) $\Delta_r G^0 = \Delta_r H^0 - T \cdot \Delta_r S^0 \Rightarrow \Delta_r S^0 = \dfrac{\Delta_r G^0 - \Delta_r H^0}{-T}$

$\Delta_r S^0 = \dfrac{-273\,\text{kJ} \cdot \text{mol}^{-1} + 118\,\text{kJ} \cdot \text{mol}^{-1}}{-298\,\text{K}} = 520\,\text{J} \cdot \text{mol}^{-1} \cdot \text{K}^{-1}$

c) Zunächst wird die Stoffmenge des Ammoniumnitrats berechnet:

$n_{\text{NH}_4\text{NO}_3} = \dfrac{m_{\text{NH}_4\text{NO}_3}}{M_{\text{NH}_4\text{NO}_3}} = \dfrac{1\,000\,\text{g}}{80\,\text{g} \cdot \text{mol}^{-1}} = 12{,}5\,\text{mol}$

Daraus erhält man mit der Reaktionsgleichung (siehe 3.3 a) die Stoffmenge der bei der Zersetzung entstehenden Gase (Stoffmenge von Stickstoff, Sauerstoff und Wasserdampf addieren) zu $12{,}5 \cdot 3{,}5\,\text{mol} = 43{,}75\,\text{mol}$. Bei Normbedingungen entspricht das einem Volumen von:

$V = n \cdot V_{\text{molar}} = 43{,}75\,\text{mol} \cdot 22{,}400\,\text{L} \cdot \text{mol}^{-1} = 980\,\text{L}$

Das „spezifische Schwadenvolumen" von Ammoniumnitrat beträgt also 980 Liter.

Punkteschlüssel							
Punkte	15	14	13	12	11	10	9	8
BE	ab 28,5 bis 30	ab 27 bis 28	ab 25,5 bis 26,5	ab 24 bis 25	ab 22,5 bis 23,5	ab 21 bis 22	ab 19,5 bis 20,5	ab 18 bis 19
Punkte	7	6	5	4	3	2	1	0
BE	ab 16,5 bis 17,5	ab 15 bis 16	ab 13,5 bis 14,5	ab 11,5 bis 13	ab 9,5 bis 11	ab 7,5 bis 9	ab 5,5 bis 7	< 5,5

BE

1 Gegeben sind die folgenden Eisenkomplexverbindungen bzw. komplexen Ionen:

A: $K_3[Fe(CN)_6]$ B: $[FeF_6]^{3-}$ C: $[Fe(CO)_5]$

D: $K_3[Fe(CN)_5CO]$ E: $[Fe(SCN)_3(H_2O)_3]$ F: $[Fe(H_2O)_6]^{2+}$

1.1 Geben Sie die Namen der Komplexverbindungen bzw. komplexen Ionen an.   6

1.2 Beschreiben Sie am Beispiel F den Aufbau eines komplexen Teilchens. Erklären Sie die im komplexen Ion vorliegende chemische Bindung.   5

1.3 Welche dieser chemischen Verbindungen bzw. Ionen ist für den Nachweis von Eisen(II)-Ionen geeignet? Formulieren Sie die chemische Gleichung für die Reaktion.   3

1.4 Die Verbindung A wird trotz des Vorhandenseins giftiger Cyanidionen nach dem Gefahrstoffgesetz nicht als Gefahrstoff eingestuft. Sie muss außerdem weder mit H-Sätzen (physikalische Gefahren) noch mit P-Sätzen (gesundheitliche Gefahren) gekennzeichnet werden. Erklären Sie diesen scheinbaren Widerspruch.   3

2 Kupfer(II)-sulfat kommt als weißes, wasserfreies und als blaues, wasserhaltiges Salz vor.

2.1 Bei einer Analyse des wasserhaltigen Kupfer(II)-sulfats wird die Substanz durch Erhitzen in die wasserfreie Form überführt. Dabei verringert sich die Masse um 36,07 %. Geben Sie die Formel des wasserhaltigen Kupfer(II)-sulfats an.   4

2.2 Wasserfreies Kupfer(II)-sulfat wird nacheinander – aber nicht in der angegebenen Reihenfolge – mit folgenden Stoffen versetzt:
A: verdünnte Natronlauge, B: konzentrierte Natronlauge, C: konzentrierte Salzsäure, D: Wasser
Dabei kann man in folgender Reihenfolge diese Beobachtungen machen:

I: Die Lösung färbt sich durch Vorhandensein von Tetrachloridocuprat(II)-Ionen grün.

II: Die Lösung färbt sich durch Vorliegen von Hexaquakupfer(II)-Ionen blau.

III: Es fällt ein hellblauer Niederschlag aus.

IV: Die Lösung färbt sich durch die Anwesenheit von Tetrahydroxidocuprat(II)-Ionen dunkelblau.

In welcher Reihenfolge wurden die Stoffe A bis D zugesetzt? Belegen Sie Ihre Entscheidung anhand von chemischen Gleichungen.   10

3   Silberhalogenide sind schwer wasserlösliche Salze, die durch ihre Farben den Nachweis von Halogenidionen ermöglichen. Silberchlorid löst sich im Gegensatz zu Silberiodid nach Zugabe von Ammoniaklösung wieder auf.

3.1   Erläutern Sie die beschriebene Auflösung des Silberchlorids.   4

3.2   10 mL Silbernitratlösung ($c = 0,1$ mol $\cdot$ L^{-1}) werden mit 10 mL Ammoniaklösung ($c = 1$ mol $\cdot$ L^{-1}) versetzt.
Berechnen Sie die Konzentration der Silberionen in der Lösung.
Anschließend wird die Lösung gleichmäßig aufgeteilt. Zu der einen Hälfte werden 10 mL Kaliumchloridlösung ($c = 0,01$ mol $\cdot$ L^{-1}), zur anderen 10 mL Kaliumiodidlösung ($c = 0,01$ mol $\cdot$ L^{-1}) gegeben.
Entscheiden Sie durch Berechnungen, ob in den Lösungen jeweils ein Niederschlag zu erwarten ist.
$K_D([Ag(NH_3)_2]) = 6,0 \cdot 10^{-8}$ mol$^2 \cdot$ L^{-2}
$K_L(AgCl) = 1,6 \cdot 10^{-10}$ mol$^2 \cdot$ L^{-2}
$K_L(AgI) = 1,5 \cdot 10^{-16}$ mol$^2 \cdot$ L^{-2} 10
                                                          45

Lösung

Inhalte: Komplexverbindungen, Nomenklatur, Gefahrstoffkennzeichnung, Analytik, Löslichkeitsprodukt

1.1 A: $K_3[Fe(CN)_6]$ Kaliumhexacyanidoferrat(III)

     B: $[FeF_6]^{3-}$ Hexafluoridoferrat(III)-Ion

     C: $[Fe(CO)_5]$ Pentacarbonyleisen(0)

     D: $K_3[Fe(CN)_5CO]$ Kaliumcarbonylpentacyanidoferrat(II)

     E: $[Fe(SCN)_3(H_2O)_3]$ Triaquatrithiocyanatoeisen(III)

     F: $[Fe(H_2O)_6]^{2+}$ Hexaaquaeisen(II)-Ion

1.2 Ein Hexaaquaeisen(II)-Ion besteht aus einem zweifach positiv geladenen Eisen(II)-Ion als Zentralion und sechs Wassermolekülen als Liganden. Durch die regelmäßige Anordnung der Liganden um das Zentralion entsteht eine oktaedrische Struktur.

Nach dem Modell der elektrostatischen Anziehung beruht die chemische Bindung zwischen Zentralion und Liganden auf den unterschiedlichen Ladungen der Bindungspartner: Eisen(II)-Ionen sind positiv geladen, diese ziehen die Sauerstoffatome des Dipol-Moleküls Wasser elektrostatisch an.

Nach dem Modell der koordinativen Bindung beruht die Bindung auf einer Atombindung, wobei das gemeinsame Elektronenpaar nur vom Liganden stammt. Ein freies Elektronenpaar des Sauerstoffatoms des Wassermoleküls kann als gemeinsames Elektronenpaar zwischen dem Sauerstoffatom und dem Eisen(II)-Ion die relativ stabile Bindung zwischen Zentralion und Ligand bewirken.

1.3 Zum Nachweis der Eisen(II)-Ionen eignet sich Kaliumhexacyanidoferrat(III) (rotes Blutlaugensalz).

Bei Zugabe der Lösung des roten Blutlaugensalzes zu einer Eisen(II)-salzlösung entsteht ein tiefblauer Niederschlag – das unlösliche Berliner Blau:

$$\overset{+\,II}{3\,[Fe(H_2O)_6]^{2+}} \;+\; \overset{+\,III}{2\,[Fe(CN)_6]^{3-}} \longrightarrow \overset{+\,II\ +\,III}{Fe_3[Fe(CN)_6]_2} \;+\; 18\,H_2O$$

✦ Hinweis: Sind die Lösungen stark verdünnt, tritt nur eine Blaufärbung der Lösung auf, es entsteht das lösliche Berliner Blau: $K[Fe^{II}Fe^{III}(CN)_6]$

1.4 Kaliumhexacyanidoferrat(III) ist in Wasser leicht löslich:

$$K_3[Fe(CN)_6] \;\rightleftharpoons\; 3\,K^+ \;+\; [Fe(CN)_6]^{3-}$$

Die Cyanidionen sind fest an das Eisen(III)-Ion gebunden. Theoretisch ergibt sich folgendes Gleichgewicht:

$$[Fe(CN)_6]^{3-} \rightleftharpoons Fe^{3+} + 6\,CN^-$$

Die Lage dieses chemischen Gleichgewichts kann durch die Komplexzerfalls-konstante K_D beschrieben werden:

$$K_D = \frac{c(Fe^{3+}) \cdot c(CN^-)^6}{c([Fe(CN)_6]^{3-})} = 2,5 \cdot 10^{-44} \; mol^6 \cdot L^{-6}$$

Aus diesem sehr kleinen Wert geht hervor, dass der Anteil freier Cyanidionen in diesem chemischen Gleichgewicht extrem klein ist. Eine gesundheitliche Belastung durch Cyanidionen ist durch diese Substanz deshalb ausgeschlossen.

2.1 $M(CuSO_4) = 159,6 \; g \cdot mol^{-1}$
Die Verringerung der Masse der Ursprungssubstanz um 36,07 % heißt, dass das wasserfreie Kupfer(II)-sulfat noch 63,93 % der Masse hat.

$$\frac{159,6 \; g \cdot mol^{-1}}{63,93\,\%} = \frac{x}{100\,\%} \quad \Rightarrow \quad x = 249,6 \; g \cdot mol^{-1}$$

Das wasserhaltige Kupfer(II)-sulfat hat eine molare Masse von $249,6 \; g \cdot mol^{-1}$. Die Differenz von 90 g wird durch das freigesetzte Wasser hervorgerufen:

$$n = \frac{m}{M} = \frac{90 \; g}{18 \; g \cdot mol^{-1}} = 5 \; mol$$

Pro mol Kupfer(II)-sulfat sind 5 mol Wasser enthalten.
Wasserhaltiges Kupfer(II)-sulfat heißt deshalb Pentaquakupfer(II)-sulfat bzw. Kupfer(II)-sulfat-Pentahydrat und hat die Formel $[Cu(H_2O)_5]SO_4$ bzw. $CuSO_4 \cdot 5\,H_2O$.

Hinweis: Exakt ergibt sich die Formel $[Cu(H_2O)_4]SO_4 \cdot H_2O$, da nur vier der Wassermoleküle als Liganden um das Kupfer(II)-Ion angelagert sind, während das fünfte Wassermolekül die Gitterlücke zwischen dem Komplexion und dem Sulfation besetzt.

2.2 Die Lösungen wurden in folgender Reihenfolge zugegeben:
$C \Rightarrow D \Rightarrow A \Rightarrow B$

I: Zugabe von konzentrierter Salzsäure

$$CuSO_4 + 4\,Cl^- \rightleftharpoons [CuCl_4]^{2-} + SO_4^{2-}$$

II: Zugabe von Wasser

$$[CuCl_4]^{2-} + 6\,H_2O \rightleftharpoons [Cu(H_2O)_6]^{2+} + 4\,Cl^-$$

III: Zugabe von verdünnter Natronlauge

$$[Cu(H_2O)_6]^{2+} + 2\,OH^- \rightleftharpoons Cu(OH)_2 \downarrow + 6\,H_2O$$

IV: Zugabe von konzentrierter Natronlauge

$$Cu(OH)_2 + 2\,OH^- \rightleftharpoons [Cu(OH)_4]^{2-}$$

3.1 Die Silberionen des Löslichkeitsgleichgewichts von Silberchlorid

$$AgCl \rightleftharpoons Ag^+ + Cl^-$$

werden dem Gleichgewicht durch Komplexbildung mit Ammoniakmolekülen

$$Ag^+ + 2\,NH_3 \rightleftharpoons [Ag(NH_3)_2]^+$$

entzogen, wodurch das Silberchlorid – nach dem Prinzip des kleinsten Zwangs – vollständig aufgelöst wird.
Die Silberionen sind jetzt im löslichen Diamminsilber-Komplex gebunden.

3.2 $\quad Ag^+ + 2\,NH_3 \rightleftharpoons [Ag(NH_3)_2]^+$

Durch Mischen beider Lösungen halbieren sich die Konzentrationen:

$c_0(Ag^+) = 0{,}05 \text{ mol} \cdot L^{-1}$

$c_0(NH_3) = 0{,}5 \text{ mol} \cdot L^{-1}$

Vereinfachend kann davon ausgegangen werden, dass die Konzentration der Komplexionen gleich der Konzentration der Silberionen ist:

$c([Ag(NH_3)_2]^+) = 0{,}05 \text{ mol} \cdot L^{-1}$

$\Rightarrow c(NH_3) = 0{,}5 \text{ mol} \cdot L^{-1} - 2 \cdot 0{,}05 \text{ mol} \cdot L^{-1} = 0{,}4 \text{ mol} \cdot L^{-1}$

$$K_D = \frac{c(Ag^+) \cdot c(NH_3)^2}{c([Ag(NH_3)_2]^+)} = 6{,}0 \cdot 10^{-8} \text{ mol}^2 \cdot L^{-2}$$

$$c(Ag^+) = \frac{K_D \cdot c([Ag(NH_3)_2]^+)}{c(NH_3)^2} = \frac{6{,}0 \cdot 10^{-8} \text{ mol}^2 \cdot L^{-2} \cdot 0{,}05 \text{ mol} \cdot L^{-1}}{0{,}4^2 \text{ mol}^2 \cdot L^{-2}}$$

$$= 1{,}875 \cdot 10^{-8} \text{ mol} \cdot L^{-1}$$

Nach Zugabe der Halogenidlösungen sind jeweils folgende chemische Reaktionen möglich:

$$Ag^+ + Cl^- \rightleftharpoons AgCl \qquad K_L(AgCl) = 1{,}6 \cdot 10^{-10} \text{ mol}^2 \cdot L^{-2}$$

$$Ag^+ + I^- \rightleftharpoons AgI \qquad K_L(AgI) = 1{,}5 \cdot 10^{-16} \text{ mol}^2 \cdot L^{-2}$$

Durch Mischen beider Lösungen halbieren sich die Konzentrationen:

$c(Ag^+) = 9{,}375 \cdot 10^{-9} \text{ mol} \cdot L^{-1}$

$c(Cl^-) = c(I^-) = 0{,}005 \text{ mol} \cdot L^{-1}$

$c(Ag^+) \cdot c(Cl^-) = 9{,}375 \cdot 10^{-9} \text{ mol} \cdot L^{-1} \cdot 0{,}005 \text{ mol} \cdot L^{-1}$
$\qquad\qquad\quad = 4{,}688 \cdot 10^{-11} \text{ mol}^2 \cdot L^{-2} \quad$ bzw.

$c(Ag^+) \cdot c(I^-) = 9{,}375 \cdot 10^{-9} \text{ mol} \cdot L^{-1} \cdot 0{,}005 \text{ mol} \cdot L^{-1}$
$\qquad\qquad\quad = 4{,}688 \cdot 10^{-11} \text{ mol}^2 \cdot L^{-2}$

$K_L(\text{AgCl}) > 4{,}688 \cdot 10^{-11} \, \text{mol}^2 \cdot \text{L}^{-2} > K_L(\text{AgI})$

Das Löslichkeitsprodukt von Silberchlorid wird durch die Ionenkonzentrationen nicht erreicht, es fällt kein Niederschlag aus.
In der anderen Lösung entsteht ein gelblicher Niederschlag von Silberiodid, da das Produkt der Konzentrationen der Silber- und der Iodidionen das Löslichkeitsprodukt von Silberiodid überschreitet.

Punkteschlüssel							
Punkte	15	14	13	12	11	10	9	8
BE	ab 43 bis 45	ab 41 bis 42	ab 39 bis 40	ab 36 bis 38	ab 34 bis 35	ab 32 bis 33	ab 30 bis 31	ab 27 bis 29
Punkte	7	6	5	4	3	2	1	0
BE	ab 25 bis 26	ab 23 bis 24	ab 21 bis 22	ab 18 bis 20	ab 15 bis 17	ab 13 bis 14	ab 9 bis 12	< 9

Ihre Anregungen sind uns wichtig!

Liebe Kundin, lieber Kunde,

der STARK Verlag hat das Ziel, Sie effektiv beim Lernen zu unterstützen. In welchem Maße uns dies gelingt, wissen Sie am besten. Deshalb bitten wir Sie, uns Ihre Meinung zu den STARK-Produkten in dieser Umfrage mitzuteilen.

Unter *www.stark-verlag.de/ihremeinung* finden Sie ein Online-Formular. Einfach ausfüllen und Ihre Verbesserungsvorschläge an uns abschicken. Wir freuen uns auf Ihre Anregungen.

www.stark-verlag.de/ihremeinung

Richtig lernen, bessere Noten

7 Tipps wie's geht

1. **15 Minuten geistige Aufwärmzeit** Lernforscher haben beobachtet: Das Gehirn braucht ca. eine Viertelstunde, bis es voll leistungsfähig ist. Beginne daher mit den leichteren Aufgaben bzw. denen, die mehr Spaß machen.

2. **Ähnliches voneinander trennen** Ähnliche Lerninhalte, wie zum Beispiel Vokabeln, sollte man mit genügend zeitlichem Abstand zueinander lernen. Das Gehirn kann Informationen sonst nicht mehr klar trennen und verwechselt sie. Wissenschaftler nennen diese Erscheinung „Ähnlichkeitshemmung".

3. **Vorübergehend nicht erreichbar** Größter potenzieller Störfaktor beim Lernen: das Smartphone. Es blinkt, vibriert, klingelt – sprich: Es braucht Aufmerksamkeit. Wer sich nicht in Versuchung führen lassen möchte, schaltet das Handy beim Lernen einfach aus.

4. **Angenehmes mit Nützlichem verbinden** Wer englische bzw. amerikanische Serien oder Filme im Original-Ton anschaut, trainiert sein Hörverstehen und erweitert gleichzeitig seinen Wortschatz. Zusatztipp: Englische Untertitel helfen beim Verstehen.

5. **In kleinen Portionen lernen** Die Konzentrationsfähigkeit des Gehirns ist begrenzt. Kürzere Lerneinheiten von max. 30 Minuten sind ideal. Nach jeder Portion ist eine kleine Verdauungspause sinnvoll.

6. **Fortschritte sichtbar machen** Ein Lernplan mit mehreren Etappenzielen hilft dabei, Fortschritte und Erfolge auch optisch sichtbar zu machen. Kleine Belohnungen beim Erreichen eines Ziels motivieren zusätzlich.

7. **Lernen ist Typsache** Die einen lernen eher durch Zuhören, die anderen visuell, motorisch oder kommunikativ. Wer seinen Lerntyp kennt, kann das Lernen daran anpassen und erzielt so bessere Ergebnisse.

Auf dem Smartphone
Interpretationshilfen

Buch inkl. eBook: Für den Durchblick bei komplexen literarischen Texten. Mit dem eBook den Lektüreschlüssel immer dabei haben.

▸ **€** Inkl. eBook, für alle Endgeräte, mit Online-Glossar zu literarischen Fachbegriffen

▸ Informationen zu Biografie und Werk, ausführliche Inhaltsangabe, gründliche Analyse und Interpretation

▸ Detaillierte Interpretation wichtiger Schlüsselstellen

www.stark-verlag.de/Interpretationshilfen